山东大学儒学高等研究院科研成果
山东大学曾子研究所科研成果
曾子研究院科研成果
曾智明"曾子学术基金"科研成果

汉字中国

曾振宇 主编

Chinese Characters

韩吉绍
魏燕利
著

华夏出版社
HUAXIA PUBLISHING HOUSE

图书在版编目（CIP）数据

道 / 韩吉绍, 魏燕利著. -- 北京：华夏出版社有限公司，2024.1
（汉字中国 / 曾振宇主编）
ISBN 978-7-5222-0266-2

Ⅰ. ①道… Ⅱ. ①韩… ②魏… Ⅲ. ①汉字—通俗读物 ②中华文化—通俗读物 Ⅳ. ① H12 - 49 ② K203 - 49

中国版本图书馆 CIP 数据核字（2022）第 008080 号

道

著　　者	韩吉绍　魏燕利
责任编辑	李春燕
责任印制	周　然
出版发行	华夏出版社有限公司
经　　销	新华书店
印　　装	三河市万龙印装有限公司
版　　次	2024 年 1 月北京第 1 版 2024 年 1 月北京第 1 次印刷
开　　本	880 mm × 1230 mm　1/32
印　　张	7.75
字　　数	150 千字
定　　价	52.00 元

华夏出版社有限公司　地址：北京市东直门外香河园北里 4 号　邮编：100028
　　　　　　　　　　　网址：www.hxph.com.cn　电话：（010）64663331（转）
若发现本版图书有印装质量问题，请与我社营销中心联系调换。

序

《汉字中国》丛书即将付梓，主编曾振宇教授嘱我在书耑写几句话。我认为"汉字中国"是个好题，丛书的出版是件好事，摆到读者面前的是一套好书，振宇教授美意岂能却之？遂谨献鄙意如下。

首先我想说，这是一套什么样的丛书。显然，它不是研究中国文字的学术丛书，而是在文字研究基础上通俗地讲述中国自有的文化哲学体系中一批重要概念的著作，是一套把汉字与它所承载的哲学概念如何紧密地融合起来这一独特的现象呈现出来的创新之作。

丛书的编著者们认为"中国本土哲学与文化形态中的概念、文字和词语是中国哲学与文化的'结晶体'"。这是一个含义很深邃又很形象的比喻。这就意味着《汉字中国》将对中国哲学与文化的概念进行深入解读，探索其内涵和外延，从而发掘、展现中华文化与其哲学的精神、品质、性格的独特性，消解中国哲学与文化之双足只穿西方哲学之鞋履所带来的误解、困惑与尴尬。反过来看，通过对中国哲学与文化的认知和体验，又可以明了并深化对这些汉字形音义的来龙去脉、衍生变异以及遗存、渗透在现代汉语词汇中的文化基因的认识。或许这也是本套丛书冠以"汉字中国"之名的用意所在吧。

诚然,《汉字中国》所分析、论列的,大多是日常所用的字词,有些即使是"专门"词语,也已经为越来越多的人所习见;但是,由于种种历史的、社会的原因,今人也常常与这些字词的深意若即若离。而如果忽略了汉字在数千年传承、延绵、孳乳、变异过程中沉淀于后世语言形式里的传统文化意义,就会冷淡了中华文化的特性,很可能语言/概念发生"漂移"现象,不得已时只好乞灵于异质文化,从而难以形成阐述中华文化的中国话语体系。

"结晶体"这样一个形象而很有意趣的比况,更会引发读者的遐想:在这个"结晶体"里面,有着丰富多样的微观世界,中国文化的种种现象和思想都在有序地存在着、排列着。由此可以想见,《汉字中国》的筹划、酝酿、研究,用心良苦矣!我不由得又想到,《汉字中国》的影响所及,可能并不仅限于人文社会科学、哲学领域,即使在构建科学技术伦理、自然语言处理、人机对话、中外语言互译,乃至人工智能等领域,似乎也可以参考一下吧。

话说得远了些,就此搁笔。
忝谓之"序"。

2019 年 8 月 22 日

汉字中国
◆
道

目录

第一章

"道"的早期含义 ································· 1
  一、甲骨文和金文中的"道" ····················· 1
  二、早期文献中的"道" ························· 5

第二章

《老子》之道 ····································· 9
  一、"道家"概念的由来 ························· 9
  二、老子之谜 ································· 14
  三、《老子》之谜 ······························ 16
  四、《老子》之道 ······························ 23

第三章

《庄子》之道 ···································· 34
  一、其人与书 ································· 34
  二、道与气 ··································· 36
  三、天与人 ··································· 39

四、达生与逍遥 43
　　五、认知与真知 46
　　六、黜儒 51

第四章

黄老学与老子之祀 **57**
　　一、稷下学宫 57
　　二、黄帝学与黄老学 61
　　三、祭祀老子 69

第五章

道教的产生 **75**
　　一、五行与王朝更替 75
　　二、灾异与王朝秩序 78
　　三、末世论与汉代改制 83
　　四、救世论与道教创立 87
　　五、《老子想尔注》 92
　　六、张道陵炼丹之谜 97

第六章

葛洪与道教 **111**
　　一、神仙存在论 111
　　二、神仙可致论 117
　　三、《抱朴子内篇》 121
　　四、医学思想 124

第七章

陶弘景与医药学 ············ **129**

　　一、医学世家 ············ 129

　　二、《本草经集注》与道教 ············ 136

第八章

孙思邈与炼丹术 ············ **140**

　　一、早期中医与丹药 ············ 140

　　二、孙思邈对炼丹的贡献 ············ 142

第九章

全真道 ············ **149**

　　一、何谓"全真"？ ············ 149

　　二、全真道的历史溯源 ············ 150

　　三、全真道的修行方式 ············ 167

　　四、全真道的教义特点 ············ 174

第十章

道教与科学 ············ **181**

　　一、道教与科学的关系 ············ 181

　　二、道教科技成就概论 ············ 187

　　三、道教科技典籍举要 ············ 192

第十一章

道观略谈 ································· **215**
　一、道观历史及管理制度 ············· 215
　二、现存名观举要 ······················ 225

主要参考文献 ································· **235**
后　记 ··· **238**

第一章
"道"的早期含义

一、甲骨文和金文中的"道"

《周易·系辞下》云:"古者包牺氏之王天下也,仰则观象于天,俯则观法于地,观鸟兽之文,与地之宜,近取诸身,远取诸物,于是始作八卦,以通神明之德,以类万物之情。"这段话讲的虽然是八卦的由来,但用来解释汉字的由来亦未为不可。汉字是象形文字,所象之形,大致不出包牺氏的观察范围。汉字主要是取之于物的文字,这从根本上决定了它无法脱离于物。而文字是思想的载体和桎梏,故中国文化最核心的特征天人合一,其实可以从根本上找到其形成的原因。这和西方文字是字母,导致其思想重视逻辑迥然有别。"道"作为中国文化最核心同时也最复杂的概念之一,要理解其内涵,我们必须追根溯源,首先从文字源头上去考察其含义。

人类应当很早就形成了关于道路的概念,但是相关文字的形成则是比较晚的事情，目前最早的资料仅可以追溯到甲骨文。甲骨文中有"行"字，写作"𓊖""𓊗"等，象四通八达的十字路口，这大概是其原始含义。在后期文字中，"行"字确实有道路之义。不过在目前所见诸甲骨文字中，"行"字主要作动词，表示行走，正如许慎《说文解字》解释篆文"行"字说："𓊗，人之步趋也。"

甲骨文的"行"字中间加上一个"人"便形成另外一个字"𓊘"（可隶定为㣠），象人在通衢中行走。在甲骨文发现以前，这个字最早见于石鼓文，对其释读在古代就有两种不同的意见。有人将其释为"道"，例如宋代薛尚功《历代钟鼎彝器款识法帖》、明代杨升庵《石鼓文音释》等；有人则释为"行"，如清代学者钱大昕、张燕昌等。清末殷墟甲骨文被发现以后，研究者们发现这个字其实最早见于甲骨文，而且还有好几种变体。很多学者遵循钱大昕等人的意见。譬如罗振玉《石鼓文考释》认为："古文行字作𓊖，象四达之衢，衢中有人行之，形义昭然矣。商人卜辞亦作𓊘，与古文正同。"屈万里《殷虚文字甲编考释》也主张是说："钱氏之说甚谛……𓊘，则象人行于道路，乃动词也。"另外一些人则仍然坚持释为"道"，对此，曹定云《释道、永兼论相关问题》一文总结出两条支持理由：第一，甲骨文中的"㣠"同金文中的"道"，看起来构形不同，但实际上存在密切的渊源关系；第二，"道"字作"㣠"，在古代玺印中一直流传下来。这不仅见之于《封泥考略》中的汉代"㣠人令印"和"房㣠私印"，而且还见之于以后的古代玺印。以上两种意见究竟哪一种更符合历史，尚需学术界进一步讨论。不过，郭店出土的战国楚简《老子》中的"道"字就是"行"与"人"的组合。

"道"字明确见于西周金文，而且有多种写法。最早的字形由"彳"（行）和"𩠹"（首）两个字构成。"彳"，上文已言其见于甲骨文。"首"字最早也见于甲骨文，写作"𩠹"、"𩠹"等，象动物的头部。在金文中，该字简化为"𩠹"，象眉下有一目，即人之头颅。其他两种写法也很常见。第一种，将表示脚的"止"（止）加在"首"字之下。"行"的左边部分和"止"结合，是偏旁部首"辶"的原始形式，于是"道"在篆文中写成"䢜"，现代汉字最终简化写作"道"。第二种，将表示手的"又"（又）加在"首"字之下。"又"加上拇指变成"寸"（寸，抓持），于是"䢜"又可以写成"𨗇"，后来在隶书中进一步写成"導"，现代汉字则简化为"导"，意思是引导、指导、领导等。

关于甲骨文"行"字和金文"道"字的关系，曹定云在《释道、永兼论相关问题》中这样解释：甲骨文和金文中的"道"字，其外形均为彳，象四达之衢；只是内形不同，甲骨文为完整的"人"形，金文则为"首"形。实则，金文是以"首"代"人"，本质上没有区别。"道"字之原始意义是表示人在衢中行走。至于"人"下从"止"、从"口"，是"道"字的进一步分化，另有所据；而"人"下从"又"（《曾伯簠》），则是从"止"之讹变。

关于"道"字的含义，东汉著名文字学家许慎在《说文解字》

中这样解释:"道,所行道也。从辵首。一达谓之道。"不过,根据"道"字最初的字形构成,一些现代学者认为其最初意义似乎不应该是道路。例如,有人认为,"金文从行从止(趾)从首。道从首不从人,疑初义并非大路,而指事物发展的规律及人们对规律的认识"(《简明金文词典》,上海辞书出版社)。还有人认为,"道"字与古代氏族的宗教信仰有关:"上古时代,人们相信别的氏族居住的地域中存在着其氏族之灵以及邪灵,贸然进入的话会招致灾祸,因此进入其地域时,须手提异族者的首级前行,借助首级的祝咒之力避邪被灾。清祓邪灵而进,谓'导'。得以清祓之处,称'道',并用来指代道路。带把手的大针('余')可用作祝咒之具,将其刺入地中,可清祓隐藏在土地中的邪灵,此谓'除'。用此种方法清祓的道路,称'途'。后来,'道'亦用来构成'道理'等语。此外,'道'还有说话之义。"([日]白川静《常用字解》)这些看法未必正确,这不仅因为金文"道"字不一定就是该字最早的写法,而且很难想象作为象形字的金文其原始含义如此抽象复杂。

无论其原始含义如何,仅就金文资料来看,周代时"道"字已经有多种含义。作为名词,它可以表示道路。例如《曾伯簠》云:"金道锡行。"这句话中的道和行互文义同,指金锡朝贡或贸易的通道。还可表示良好的社会政治局面,是为"有道",反之则谓之"无道",这两个词时常出现。例如《胤嗣蚉嗣壶》云:"徬(逢)郾(燕)亡道。"亡道即无道。它还可以作动词使用,同

"导",引导之义。例如《中山王䰜鼎》云:"夙夜不解(懈),以诱道(导)寡人。"

二、早期文献中的"道"

观览上古典籍可以看出,"道"字的含义在东周以前以及春秋时期已经非常丰富。

作为名词,道路之义是最基本的用法,早期文献中见有数例。例如《诗·邶风·雄雉》云:"道之云远,曷云能来?"(道路相隔太远,何时能来到我身边?)《诗·秦风·蒹葭》云,"道阻且长"(道路险阻且长),"道阻且跻"(道路险阻难登攀),"道阻且右"(道路险阻且弯曲)。又如《左传·成公十二年》云"道路无壅"(道路畅通)。

动词最基本的用法是作言说之义。例如《尚书·顾命》云"道扬末命"(宣扬终命)。又如《左传·襄公二十五年》云"道之以文辞"(用外交辞令说话)。由于"道"是"导"的本字,所以有时后者用前者代替。例如《尚书·禹贡》中有"九河既道"一句,意思便是开导、开凿河道。这种意思后来进一步延伸为对世间的治理。譬如孔子云:"道之以政,齐之以刑,民免而无耻。道之以德,齐之以礼,有耻且格。"(《论语·为政》),译为白话文便是:用政令治理百姓,用刑法整饬他们,百姓只求能免于因犯罪而受处罚,却没有知耻之心。用道德引导他们,用礼规范他们,百姓不仅有知耻之心，还能自我检点而恪守正道。

在"道"的以上诸义中，道路之义抽象或者提升为途径、方法、原则等含义的现象令人瞩目，这是"道"日后成为重要思想观念的起点。公元前541年，针对楚国图谋篡国的令尹公子围，晋国大臣叔向评论说，如果用强力夺取王位，虽然不符合义却能成功，他一定会将不义视为常道。把荒淫暴虐当作常道，不可能长久。（《左传·昭公元年》云："夫以强取，不义而克，必以为道。道以淫虐，弗可久已矣。"）从这则材料可以看出，这类用法在春秋时期已经成为普遍现象。

在《论语》一书中，"道"的此类含义变得更加复杂，被应用于不同的范畴中，成为孔子思想的重要内容。

"道"可以指某人的处事方式或原则，像父之道、君子之道、先王之道、善人之道，甚至孔子自己的道，例如：（1）子曰："父在，观其志；父没，观其行。三年无改于父之道，可谓孝矣。"（《论语·学而》）（2）子谓子产："有君子之道四焉：其行己也恭，其事上也敬，其养民也惠，其使民也义。"（《论语·公冶长》）（3）子曰："君子道者三，我无能焉：仁者不忧，知者不惑，勇者不惧。"（《论语·宪问》）（4）有子曰："礼之用，和为贵。先王之道，斯为美，小大由之。"（《论语·学而》）（5）子张问善人之道。子曰："不践迹，亦不入于室。"（《论语·先进》）（6）子曰："参乎！吾道一以贯之。"曾子曰："唯。"子出，门人问曰："何谓也？"曾子曰："夫子之道，忠恕而已矣。"（《论语·里仁》）

"道"也可以指做某事应当遵循的态度、方法或原则。例如：(1)子曰："富与贵，是人之所欲也；不以其道得之，不处也。贫与贱，是人之所恶也；不以其道得之，不去也。"(《论语·里仁》)(2)子曰："射不主皮，为力不同科，古之道也。"(《论语·八佾》)

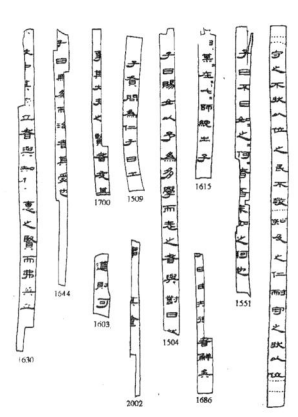

西汉竹简《论语》摹本

"道"还可以更宽泛地指国家之道，甚而天下之道。如：(1)子谓南容："邦有道，不废；邦无道，免于刑戮。"(《论语·公冶长》)(2)子曰："笃信好学，守死善道。危邦不入，乱邦不居。天下有道则见，无道则隐。邦有道，贫且贱焉，耻也；邦无道，富且贵焉，耻也。"(《论语·泰伯》)(3)孔子曰："天下有道，则礼乐征伐自天子出；天下无道，则礼乐征伐自诸侯出。"(《论语·季氏》)

在《论语》中，"道"字总共出现上百次，大多是以上诸义，透露出孔子对各个层面的道(也即秩序)的探索，尤其是邦家与天下之道的忧心忡忡。例如在《论语·卫灵公》中，孔子强调"君子谋道不谋食。耕也，馁在其中矣；学也，禄在其中矣。君子忧道不忧贫"。甚至主张"道不同，不相为谋"。在他看来，道可与德、仁、艺相提并论，"志于道，据于德，依于仁，游于艺"(《论语·述而》)。可是，春秋时期是一个礼乐逐渐崩坏的时代，诸侯国之间弱肉强食，人与人之间尔虞我诈，孔子向往的"道"似乎可望而不可即，所以他有时候也不免感慨："道不行，乘桴浮于海。从我者，其由与？"（《论语·公冶长》）又说："道之将行也与，命也。道之将废也与，命也。"（《论语·宪问》）不过，在某些人眼中，孔子正是那个时代力挽狂澜、恢复大道之人，正所谓"天下之无道也久矣，天将以夫子为木铎"（《论语·八佾》）。

孔子关心的主要是个人、社会和国家之道，不过当时已经有了超越人间的天道，这从子贡对孔子的评价中可以看出："夫子之文章，可得而闻也。夫子之言性与天道，不可得而闻也"。（《论语·公冶长》）由此可见，在孔子的时代，对于人道、世道和天道的各种探索已经成为很多人的重要话题，"道"成为思想领域的重要概念，已经具有强烈的社会需求和深厚的思想基础。只不过，虽然孔子对"道"的认识已经开始向哲学高度上升，但是各种"道"尚未统一，他对各种"道"的含义也没有详细解释，对天道更是少有涉及。

那么，在各种各样的"道"中，有没有一种终极之道，既能解释世间事物，还能统领宇宙万物呢？解答这一问题的是后来以"道"显名的学派——道家。

第二章
《老子》之道

一、"道家"概念的由来

有的历史概念很多人耳熟能详,似乎对其知根知底,其实根深蒂固的东西未必就是事实,"道家"大概就属于这样的概念。

春秋战国时期,传统的礼乐秩序崩坏,知识分子对此忧心忡忡,竞相提出建立新秩序的理论,诸子之学遂盛。当时学派众多,但大家几乎都是自立权衡,彼此泾渭分明,不像今天很多学问都是你中有我,我中有你。儒者一派最早出现。自孔子编订六经、首设私学以来,儒的传统便以经书为中心,由各代孔门弟子传承不绝,使儒成为当时第一显学。墨子原本"学儒者之业,受孔子之术",但后来发觉道不同不相为谋,于是抛弃儒学自立门户,创立墨家学说,几乎处处针对儒家立论。墨子还组建了一个组织和纪律异常严密的团体,其首领称为"巨子",成员称为"墨者",后者必须无条件听命于前者,赴汤蹈火,在所不惜。这种非常奇特的制度在很长时期内赋予墨家以强盛生命力，正如孟子所说，"杨朱、墨翟之言盈天下。天下之言，不归杨，则归墨"。

与道有关的思想在当时也相当流行，论道者除了声名远播的老子、庄子以外，还有很多其他人物或者著述，譬如《伊尹》《太公》《鬻子》《管子》《文子》《关尹子》《列子》《鹖冠子》等。在秦以后的历史上，这批人像儒、墨一样被尊为一个独立学派，称为"道家"。但是我们稍稍回顾一下先秦历史便会发现，道家既没有儒家那样的连续师承关系和固定传习的经典，更没有墨家那样的严密组织，所谓言道者多是一些互不隶属甚至互不相识的闲云孤鹤，甚至他们的思想旨趣也相差很远。因此严格来讲，道家作为一个专门学派在战国时期其实并不存在。

关于先秦诸子的思想，当时有几篇学术史性质的文献进行过归纳总结，比如《荀子》中的《非十二子》和《解蔽》，《韩非子·显学》《庄子·天下》等篇，是考察诸子派别最早的重要资料。

荀子是先秦子学的集大成者，他其实并非纯粹的儒者。荀子认为当时诸侯异政、百家异说，其实都不足法，因为每一家都只不过掌握了真理的一个方面而已。譬如他批评墨子蔽于用而不知文，宋子蔽于欲而不知得，慎子蔽于法而不知贤，申子蔽于势而不知知，惠子蔽于辞而不知实，庄子蔽于天而不知人，这些人所称道的只不过是道之一隅，过于强调自己的理论，实则弊于一曲，如同一叶障目不见泰山，故而不见"道"的真面目。

庄子后学也对诸子们进行了一番批判，虽然立足点不同，但思路和荀子有异曲同工之妙。《庄子·天下篇》说，天下之所以大乱，贤圣道德标准不一，都是因为天下之士多得一察焉以自好，即弊于一曲。譬如耳目鼻口，皆有所明，不能相通。犹如百家众技，皆有所长，时有所用。但是如果众人过于强调自身之学的价值，就会走入极端，无法认识整体。因此，庄子后学悲叹道："百家往而不反，必不合矣！后世之学者，不幸不见天地之纯，古人之大体，道术将为天下裂。"

先秦学术史虽然对诸子之学有总结，但证据表明，没有人认为当时存在一个独立的"道家"学派，也没有人自认或者称呼别人是"道家"——这个概念其实是汉初史学家司马谈最早倡导的，百家学说体系也是由司马谈最早总结提出的。

司马谈在汉武帝时担任太史令，掌管天文、历法和撰史（史官最初都是通才，精通自然科学和人文科学）。先秦时期，中国已经出现很多史书，像《春秋》《左传》《战国策》《世本》等，但没有一种详细的通史。有鉴于此，司马谈立志撰写一部这样的史书。为此，他对先秦学术进行了全面总结，写出一篇对后世影响很大的学术史文章，即《论六家之要指》，并把它作为撰写通史的重要基础。但不幸的是，司马谈后来跟随汉武帝到泰山封禅，途中身染重病，不久后去世，撰史任务未能完成。在弥留之际，他嘱咐儿子司马迁一定要继承其遗志，写好这部史书。司马迁奋发图强，忍辱负重，终于写出了一部被鲁迅称为"史家之绝唱，无韵之离骚"的《史记》，成为一代史学宗师。

《论六家之要指》保存在《史记·太史公自序》中，它第一次系统总结了先秦（其实也包含汉初）学术，创造性地将其分为六个派别，是为阴阳家、儒家、墨家、法家、名家、道家。由于司马谈本人崇尚道家，故而对其他五家都有微词，唯独对道家赞赏有加。他认为，道家使人"精神专一，动合无形，赡足万物"。其术综合各家之长，"因阴阳之大顺，采儒、墨之善，撮名、法之要，与时迁移，应物变化，立俗施事，无所不宜，指约而易操，事少而功多"。其实，他说的哪里只是先秦老、庄道家，更主要是指战国时便已兴盛、汉初特别尊崇的黄老道家！这个概念的范畴我们可以参考《史记》正文，司马迁将老子、庄子和申不害、韩非同传记载，充分说明道家概念的特点。

《史记》深刻影响了东汉史学家班固，他在撰写《汉书·艺文志》（该志实际上是班固根据刘歆《七略》删节而成，而《七略》是刘歆根据其父刘向《别录》发展而来。《别录》和《七略》都没有流传下来）时，进一步完善了司马谈的先秦学术史观念，将诸子进一步分成十家，是为儒家、道家、阴阳家、法家、名家、墨家、纵横家、杂家、农家、小说家，并且对每一家都追溯源流，总述特点。班固等认为诸子的兴起是因为王道衰微，诸侯力政，时君世主，好恶殊方，所以各种思想风起云涌，但它们都是各执一端，崇其所好。这种思路与荀子和庄子后学的感悟是一致的。我们今天认为春秋战国是一个文明和思想昌盛的黄金时代，但当时的知识分子恰恰相反，视之为礼乐崩坏和歧说纷纭的乱世。

关于道家的渊源，班固认为其出于史官："道家者流，盖出于史官，历记成败存亡祸福古今之道，然后知秉要执本，清虚以自守，卑弱以自持，此君人南面之术也。合于尧之克攘，《易》之嗛嗛，一谦而四益，此其所长也。及放者为之，则欲绝去礼学，兼弃仁义，曰独任清虚可以为治。"根据《汉书·艺文志》的统计，诸子十家尤属儒家门派数量最多，达53家，文献有836篇；道家次之，有37家993篇；其余诸家，阴阳21家369篇，法10家217篇，名7家36篇，墨6家86篇，纵横12家107篇，杂20家403篇，农9家114篇，小说15家1380篇。十个学派凡190家，所谓诸子百家即源于此。需要注意的是，这里的道家既有老子的先辈如《伊尹》《太公》，同辈如《老莱子》（当然是从名称上判断），又有其晚辈如《列子》《庄子》，更有黄帝著作如《黄帝四经》《黄帝铭》《黄帝君臣》《杂黄帝》。可见，班固显然继承了《史记》的传统，其道家概念涵盖黄老著作（关于黄老道家的讨论见第四章）。

要而言之，"道家"概念是汉人的发明，但其学派之实在战国早已存在，不过与儒、墨有所不同。这个概念的内涵最初并不仅仅包括先秦老庄等狭义的道家人物，还包括战国至汉初的黄老道家（或谓道法家）。现在我们说的道家，如果没有特别说明，一般指狭义道家。

二、老子之谜

道家始祖向来被认为是老子,一个能和孔子相提并论的伟大思想家。但是,和宏伟的老子之学相比,关于老子身世的记载极度匮乏。《庄子》是先秦提及老子最多的文献,但是由于其文献性质,我们无法明确区分哪些故事是寓言,哪些是史实。所以我们所能依据的最早且比较可靠的材料是《史记》。不过令人遗憾的是,司马迁在宣扬道家学派的同时,对其创始人老子的介绍却相当简单,而且留下好几个令人费解的疑团。由此可见,大概我们今天的困境也是司马迁当时不得不面对的。

《史记·老子韩非列传》篇幅非常短,不到五百个字,却记载了三个老子。第一个是人们最熟悉的老子,楚国苦县厉乡曲仁里人。楚国苦县即今天的河南鹿邑县,厉乡即赖乡,是古赖国所在地。司马迁说,老子姓李,名耳,字聃,周朝守藏室之史。孔子到访周朝时,曾特意问礼于老子,结果被老子好好训诫了一番,司马迁记录道:"子所言者,其人与骨皆已朽矣,独其言在耳。且君子得其时则驾,不得其时则蓬累而行。吾闻之,良贾深藏若虚,君子盛德,容貌若愚。去子之骄气与多欲,态色与淫志,是皆无益于子之身。吾所以告子,若是而已。"孔子听后非但没有生气,还对老子佩服得五体投地,说了这么一段话:"鸟,吾知其能飞;鱼,吾知其能游;兽,吾知其能走。走者可以为罔,游者可以为纶，飞者可以为矰。至于龙，吾不能知，其乘风云而上天。吾今日见老子，其犹龙邪！"司马迁继续说，老子修道德，其学以自隐无名为务，在周朝住了很久后见周世衰微，便离开了。至函谷关，关令尹喜挽留他，说："子将隐矣，强为我著书。"于是老子乃著书上下篇，言道德之意五千余言而去，莫知其所终。这个上下篇，就是《老子》，也称《道德经》。老子西去的故事后来被神化，有人说他去了印度，变为佛陀，创造了佛教，是为老子化胡说，这造成佛、道间一段千年恩怨。

司马迁介绍完老子后突然又说，楚国有个和孔子同时代的人叫老莱子，也著书十五篇，言道家之用，可能他就是老子，他当时已有一百六十多岁，或者二百多岁，因为修道所以长寿。司马迁又说，当时还有人认为，孔子死后一百二十九年，有个周太史名儋，他可能就是老子。

关于以上三个老子的关系让人摸不着头脑，迄今有很多种解释。在缺乏有效史料的情况下，我们也许永远不会知道真相。其实，《史记》这样记载，不正好说明这个困惑在当时连遍览古书的司马迁也无法解决吗？可贵的是，作为一个真正的历史学家，司马迁没有凭己所好臆断何为真相，而是把不同观点记录在案，然后说："世莫知其然否。老子，隐君子也。"所以，司马迁第一个记载老子的说法，我们不能过于迷信，要看到其无奈，这对于正确认识《老子》很关键。

三、《老子》之谜

老子的身世虽然从汉代开始就是一笔糊涂账，不过这并不妨碍他的伟大形象。早在战国时期，很多文献都引用《老子》的内容，韩非子还专门为其做注解，《庄子》则经常将老子描绘成孔子之师。至汉初，由于黄老学兴盛，老子被举世尊崇，上自皇帝亲自祭祀他，下至百姓墓室画像石随处可见孔子见老子的图景。道教形成以后，老子被进一步神化，成为天尊与道的化身。再后来，李唐将道教奉为三教之首，视老子李耳为祖先，老子的影响愈来愈大。在这样的氛围中，《老子》一书在思想领域和信仰领域都受到广泛推崇，加上其文本身意境深远、玄秘难解，所以古代注解《老子》的文献不计其数，不同领域的人都争相解密书中真谛。近人王重民撰《老子考》，收录老子书敦煌写本、道观碑本和历代印本共存目 450 余种。1965 年，严灵峰辑《无求备斋老子集成》，共收录 356 种老子书。这几百种实际上只是冰山一角。据元人杜道坚《道德玄经原旨》中张与材《序》称："《道德》八十一章，注者三千余家。""三千"之数以往多认为是过分夸张之辞，但近年来的一些统计资料表明，此数量并非信口雌黄，有相当高的可信度，甚至还有可能是保守估计。这种盛况在中国古代原典中无出《老子》右者，包括儒家文献。

不仅如此，《老子》的影响还远播海外，是迄今为止海外流传最广的中文典籍,没有之一。早在唐代时,李世民便曾敕令高僧玄奘将《老子》译成梵文。自16世纪始,随着西方传教士来到中国,《老子》开始被翻译成西文进入欧洲思想世界,几百年间,其流传之广令人始料未及。据荷兰学者克努特·沃尔夫(Knut Walf)1989年的统计,从1816年到1988年,西方共有252种《老子》译本行世,涉及17种欧洲语言,其中最多的是英文本83种、德文本64种、法文本33种。而据近些年中国学者丁巍更全面细致的统计,《老子》西文译本多达600种,涉及19种语言,最多是德、英、法三种译本。

由于《老子》的崇高地位,宋以前极少有人怀疑其真正作者和出世时代。宋代时受新兴疑古之风的影响,老子其人其书的问题被正式提出。比如陈师道怀疑孔、老根本不是同时代的人,老子晚在关尹、杨朱之后,墨子、荀子之间。叶适则认为孔子所见到的老子绝非《老子》一书的作者,二者是两个人。到了清代,更多人加入怀疑行列。有的主张《史记》提到的太史儋就是老子,所以其人的时代很晚;有的认为老聃或果真为春秋末期人,但是《老子》其文类似战国诸子,必为后人所托。这些辨疑对传统的老子观念形成一定冲击。不过,真正动摇其根基的是在新文化运动时期。

二十世纪前期,在推翻封建文化的大旗下,学术界中疑古辨伪思潮异常活跃,对老子其人其书的批判是当时学界的焦点之一,很多大学者都参与了讨论。1919年,胡适《中国哲学史大纲》出版,在这部中国哲学史拓荒之作中,他肯定了老子早于孔子的传统说法，先讲老子其人其书，然后再讲孔子。数年后，梁启超作《评胡适之中国哲学史大纲》，对老子的问题提出了尖锐的反对意见。他认为《史记》关于老子的记载根本是错误的，不足为据，因为孔、墨、孟都没有提及老子，而从思想体系上看，《老子》一书从语言上判断不似春秋作品，其中很多词汇和官名是战国时才有的。根据上述原因，梁启超认定老子晚于孔子，《老子》成书的时代更在战国晚期。梁启超的观点一经发表，在学术界引起轩然大波，赞成者和反对者都大有人在，很多著名学者竞相参与激辩，形成一场关于老子的大讨论，在学术界形成一道独特的风景线。总体上，维护《老子》早出的有胡适、张煦、唐兰、高亨、马叙伦、郭沫若等人，认为晚出的有梁启超、钱穆、冯友兰、罗根泽、顾颉刚等人。冯友兰不仅认定《老子》出现得很晚（其理由是孔子之前无私人著述、《老子》非问答体而为简明经体等），而且试图在学术史上坐实这一判断，在其影响很大的名著《中国哲学史》中将老子放在孔、墨、孟之后讨论。顾颉刚更是认为《老子》是赋体，《吕氏春秋》引用《老子》但不提老子，认为其书是战国晚期作品。顾氏乃古史辨派的创始人，是疑古的旗帜性人物，他提出中国古史"层累造成"说，将东周以上的传统历史观念全盘否定，认为大禹是一条虫，这在现代学术史上影响相当大。以上辩论老子年代的主要作品大多被收录到1937年出版的《古史辨》第六册。

《老子》不过区区五千余字，却引得如此多的学者激烈讨论，彼此结论对立严重。尽管讨论最终没有形成一致意见，不过，老子的传统形象还是被打破，大多数人认识到老子和《老子》应当区别对待，后者不大可能早于孔子，只是晚到什么时代意见不一。讨论最终遇到了难以逾越的困难：由于就书论书，正反双方似乎都有确凿证据，谁也无法说服对方。对此，胡适的观点特别耐人寻味。这位新文化运动的旗手本来也是一位疑古健将，其名言是"大胆假设，小心求证"，但唯独在老子的问题上，他显得非常小心翼翼。他在《评论近人考据〈老子〉年代的方法》一文中说，"我至今还不曾寻得老子这个人或《老子》这部书有必须移到战国或战国后期的充分证据。在寻得这种证据之前，我们只能延长侦查的时期，展缓判决的日子"。当时胡适说这句话也许并未想太多，不料数十年后，"充分证据"真的成为事实。

1972年至1974年，考古人员在湖南长沙近郊马王堆发掘了三座墓葬，经研究后确定，三座均为汉墓，埋的分别是西汉长沙国丞相轪侯利苍、利苍的妻子及其儿子，时间距今将近2200年。三座汉墓中出土了几千件珍贵文物，许多是前所未见甚至闻所未闻的，举世震惊。其中第三号墓的下葬年份在汉文帝前元十二年（前168），保存了大批写在丝帛上的古书，共有数十篇，大多数为佚书，内容极其丰富，包括最早的《周易》文本、《战国策》相关文献、天文书、相马书、医书、导引图、地图，以及我们这里要介绍的《老子》。

在传世文献中，《老子》最古的版本有汉代严遵本、河上公本、三国王弼本、五斗米道本等，后世众多注释文献大都可以追溯到这些古本上。不过我们要注意一个问题，即我们今天看到的所有传世先秦古籍其实没有一本保留了当初的原貌，其间经过多次辗转抄写、编辑等，早已不复当年。为什么会这样呢？因为先秦诸国使用的是古文，秦始皇统一全国后，在秦古文的基础上发明了小篆，并在全国推行，于是六国文字全都灭绝。汉代建立后，又流行隶书。后来刘向奉命对全国古书进行整理，经其增删编辑，以隶书抄写流传。从古文转到小篆和隶书，都存在一个文字识别的问题，这个过程和今天的文字学家释读出土的战国竹简没有什么本质差别，只是当时去古不远，大概认识古文的人要多一些。刘向以后至印刷术发明以前的一千余年间，古书传抄又何其多！所以，说传世先秦古籍早已不复当年毫不夸张。从这个意义上看，马王堆帛书《老子》的价值无法估量，它不仅是原汁原味的古书，

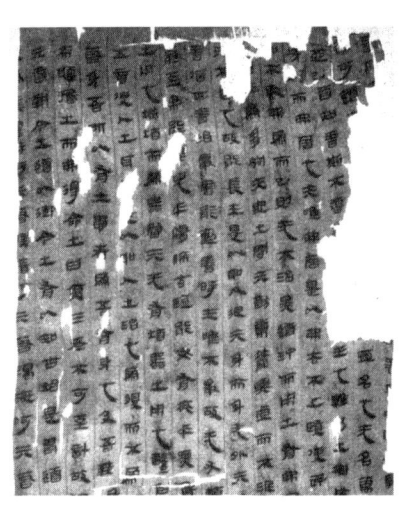

比所有的传世古本都早，而且一下子出土了两个本子，内容和形式均有不同，为研究《老子》成书问题提供了非常重要的实物资料。学者们将这两个版本分别称为帛书《老子》甲本和帛书《老子》乙本。甲本没有避汉高祖刘邦的名讳，乙本则避刘邦讳而不避惠帝之讳，因此

可以判断甲本抄于刘邦登基之前，乙本抄于刘邦在位之时。帛书《老子》在很多方面与传世本有差异，最主要的有两个方面。一是传世本分为81章，而帛书本则未见完整分章，仅部分地方见有标记。第二是传世本分为两大部分，其中第1至37章为《道经》，第38至81章为《德经》，合称《道德经》。帛书本也分为两部分，但是顺序却相反，分别以"德""道"命名。具体内容方面，帛书本除了损毁较多外，和传世本的差别虽然不是特别大，大部分的文字编排顺序也一致，但是仍有不少明显不同的地方。根据帛书《老子》我们可以断定，此前疑古派认为《老子》成书于战国末期甚至更迟的说法完全不能成立。

汉代出土的《老子》除了马王堆帛书外，还有近年发现的一种竹简本。2009年，北京大学受赠一批来历不明的西汉竹简，数量达3300多枚，被命名为"北京大学藏西汉竹书"。经研究，这批简书的抄写年代大约在西汉中期。其中保存最完整的一种便是《老子》，现存竹简221枚（有两枚遗失），5300余字，残缺很少。该《老子》在两枚竹简的背面写有"老子上经"和"老子下经"，《老子》称为"经"这是首次发现，二者分别对应传世本《老子》的《德经》和《道经》，顺序与马王堆帛书一致。全书共

分 77 章，与传世本 81 章本不同，但是上、下经内的章次顺序和传世本基本一致。

在马王堆帛书《老子》被发现后的很长一段时期内，人们一直沉浸在喜悦和困惑之中，后来一个更大的惊喜降临。1993 年，考古人员在湖北荆门郭店村一座战国楚墓中发掘出八百余枚竹简，其中七百多枚写有文字。经研究人员整理释读，原来竹简上是用楚国文字记载的十五篇文献，其中大部分为儒家著作（包括八篇可能是孔子之孙子思及其门徒的作品），道家有两种，《老子》和《太一生水》。这批古书除了两种见诸传世本、一种见于长沙马王堆帛书外，其余皆为填补学术史空白的先秦佚籍，价值连城。后经考古人员认定，这座墓葬的时代应该属于战国中晚期，公元前 4 世纪末到公元前 3 世纪初之间，更具体点说应该早于公元前 278 年，这一年，秦国大将白起带兵攻破楚国国都，荀子由楚国返回齐国。

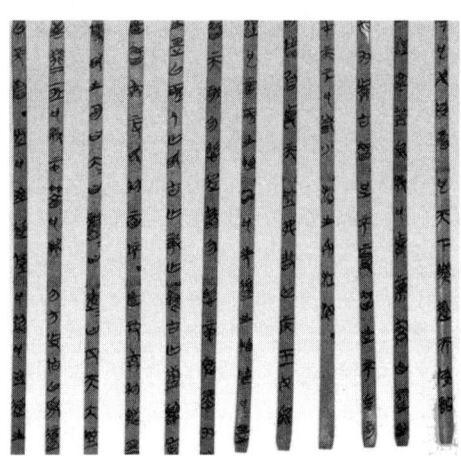

郭店竹简本《老子》根据不同的主题被抄在三组竹简上，分别称为《老子》甲组、乙组和丙组（《太一生水》抄于丙组竹简上），其内容仅相当于传世本《老子》的

三分之一而不是全部，这是最大的遗憾。和传世本《老子》比较，郭店竹简本《老子》的句子和一些章节密切对应，而且有标点符号，往往用在传世本章节结束之处，当然不完整，用法也不规范。在具体内容上有明显差别，尤其和儒家的对立没有传世本这么激烈，句子也有省略的情况，顺序也有不同。

郭店竹简本《老子》的发现带来一个重大问题，即它和传世本《老子》究竟是什么关系。目前学术界主要有两种不同意见：第一种意见认为当时《老子》已经编订成书，郭店竹简只是根据不同主题从《老子》的不同章节中摘抄出一部分；第二种意见主张当时《老子》还没有编订，郭店竹简本《老子》是后来完整本《老子》的雏形。很多迹象表明，第一种观点的可能性更大，当然还需更多证据证明。在最终结论揭晓以前，我们现在至少可以肯定，《老子》这部书绝不像辨伪学家说的那样出于战国后期，它反映的思想至少在战国中期以前。

四、《老子》之道

有了出土材料是好事，但我们要讨论《老子》的思想，首先面临一个重要问题，即应该选取哪种版本作为依据呢？毫无疑问，越早的本子越接近《老子》原义，而传世本由于各种有意无意的篡改，很多内容背离了原书。令人唏嘘的是，在思想史上长期产生影响的恰恰是各种被篡改的《老子》，"六经注我"才是主流，而像郭店竹简本《老子》这样的战国古文本连司马迁都没有见过。由于这里关注的是先秦《老子》的思想，我们便以目前最古的完本《老子》马王堆帛书甲本作为主要依据，并参照乙本和郭店竹简本。由于帛书《老子》不分章，为了方便读者自行比较，我们在引文后面括号中注明传世本章次。

《老子》思想的核心是一个"道"字。"道"的早期含义原本简单明了，但是《老子》将其抽象到本体论的高度，凝练出一个十分玄秘的概念。

上文曾提到过，孔子很少谈论天道，连他的学生子贡都说："夫子之文章，可得而闻也；夫子之言性与天道，不可得而闻也。"墨子倒是经常把天挂在嘴边，但是他所谓的"天"是有意志的，欲义而恶其不义，赏善罚恶，爱民罚暴，墨子并不关心自然之天。《老子》对自然之天格外重视，并且开创性地探究了宇宙天地万物的起源，认为有一种"物"存在于天地生成之前，由于是在宇宙之先，所以它连名字都没有，勉强称之为"道大"："有物混成，先天地生。寂兮寥兮，独立而不改，可以为天地母。吾未知其名，字之曰'道'，吾强为之名曰'大'。"（第二十五章）此"物"既为本体，必定神秘莫测，《老子》对其属性有两段重要阐释，说这种东西既看不见，也听不到、摸不着，无边无际，无形无状，说不清道不明。其一是："视之而弗见，名之曰微；听之而弗闻，名之曰希；捪之而弗得，名之曰夷。三者不可致诘，故混而为一。一者，其上不皦，其下不忽。寻寻兮不可名也，复归于无物。是谓无状之状，无物之象，是谓忽恍。随而不见其后，迎而不见其首。"（第十四章）其二是："道之物，唯恍唯忽。忽兮恍兮，中有象兮。恍兮忽兮，中有物兮。窈兮冥兮，中有情兮。其情甚真，其中有信。"（第二十一章）从这两段描述可以看出，"混而为一"即"忽恍"，是道的属性和存在状态。

尽管道远远超越了人类的认识界限，但是人类又不得不硬着头皮去认识它，正如勉强称呼它一样，所以《老子》绕口令似的强调说："道，可道也，非恒道也；名，可名也，非恒名也。"（第一章）那么道是如何化生出天地万物的？《老子》这样讲："道生一，一生二，二生三，三生万物。万物负阴而抱阳，冲气以为和。"（第四十二章）这个"一"不应胡乱比附，《老子》其实有解释，即"混而为一"的状态。此衍化过程，《文子》这样阐释："《老子》曰：天地未形，窈窈冥冥，浑而为一，寂然清澄。重浊为地，精微为天，离而为四时，分而为阴阳。精气为人，粗气为虫，刚柔相成，万物乃生。"当然这个解释也未必符合《老子》原义。

《老子》的宇宙论在早期思想史上占有重要地位，除此以外，还有两种宇宙论也值得注意，也有助于我们更好地理解《老子》。第一种是长期掩埋地下、抄写在郭店竹简本《老子》乙组竹简上的《太一生水》所记："太一生水，水反辅太一，是以成天。天反辅太一，是以成地。天地复相辅也，是以成神明。神明复相辅也，是以成阴阳。阴阳复相辅也，是以成四时。四时复相辅也，是以成沧热。沧热复相辅也，是以成湿燥。湿燥复相辅也，成岁而止。"太一"也即"道",这种理论将"水"放在突出地位。有人认为,《太一生水》就是《老子》"道生一"一段的解释。第二种出自《吕氏春秋》:"太一出两仪,两仪出阴阳。阴阳变化,一上一下,合而成章。浑浑沌沌,离则复合,合则复离,是谓天常……四时代兴,或暑或寒,或短或长,或柔或刚。万物所出,造于太一,化于阴阳。"《易传·系辞》的理论与此有些许类似:"易有太极,是生两仪,两仪生四象,四象生八卦。"

《老子》既强调道是一种"物",但又将此"物"视为"无"(难怪有人将道创生宇宙的过程比附现代物理学上的宇宙大爆炸),由此衍生出另一个重要哲学问题,即有生于无,还是无生于有。《老子》明确讲:"天下之物生于有,有生于无。"(第四十章)又说:"无名,万物之始也;有名,万物之母也。"(第一章)所以,《老子》的道生万物也即"无"生"有"的过程。《庄子》和《淮南子》对这一思想有进一步的发挥,后者的解释尤其详细,将宇宙化生过程分为不同阶段,从无到有的先后顺序依次是"有未始有夫未始有有无者""有未始有有有无者""有未始有夫未始有有始者""有未始有有始者""有始者"等。

《老子》固然重视宇宙论,这一点使他在先秦诸子中鹤立鸡群,但他并非纯粹的自然哲学家,他关注的焦点和孔、墨相比其实并无不同,同样是崩坏社会秩序的重建,只不过,他认为这种重建必须以"道"而不是其他什么标准为依据。《老子》认为,既然天地万物皆出于"道",必然"道"的状态才最正确、最稳定。

这一思路反映到社会存在上，他认为人类远古未开化之时相当于道混而为一的状态，那才是一个完美的生活环境，人们朦朦胧胧，无彼无我，无是无非，无忧无愁，安居乐业。《老子》特意为其理想国画了一幅画："小邦寡民，使有十百人之器毋用，使民重死而远徙。有车舟，无所乘之；有甲兵，无所陈之。使民复结绳而用之。甘其食，美其服，乐其俗，安其居，邻邦相望，鸡狗之声相闻，民至老死，不相往来。"（第八十章）这里可以和儒家做一下对比。孔子心中也有一个理想国，即他在《礼记·礼运》中描绘的"大同社会"："大道之行也，天下为公。选贤与能，讲信修睦，故人不独亲其亲，不独子其子，使老有所终，壮有所用，幼有所长，矜寡孤独废疾者皆有所养。男有分，女有归。货恶其弃于地也，不必藏于己；力恶其不出于身也，不必为己。是故谋闭而不兴，盗窃乱贼而不作，故外户而不闭。是谓大同。"两种理想国对比，区别立现。儒家的理想国表面看是和谐社会，实际是用贤、能、信、睦、分、归等枷锁控制起来的社会，人们的自由本质上是安分守己。而《老子》的理想国完全是一个自由自在的社会，人们没有任何束缚，因为形成束缚的根源都被瓦解了。尽管用今天的眼光来看，其历史观是彻底倒退论，理性工具的符号如"十百人之器""车舟""甲兵"等一般被认为是社会进步的标志，然而《十子》却将其视为洪水猛兽，认为它们正是造成各种束缚、欲望和混乱的根源。

更甚者，真善美是一般人极力追求的高尚品质，但《老子》

却从中看到了发人深省的问题。《老子》认为，美与不美、善与不善、难与易、长与短、高与下等都是道的和谐被破坏以后才出现的主观性的东西，因而其存在没有根本上的合法性，怎么可以被用来作为重建社会秩序的根基呢？打个比方，有一座十层的楼房与一座平房，无论是否有人看到过它们，它们仍然会实实在在地矗立在那里，不会发生任何变化。然而，当我们用高和矮去认识它们时，情况就发生了变化。尽管"高楼房"与"矮平房"仍然客观地存在于原来的处所，与它们被认识之前相比没有发生任何变化，但"高"与"矮"却是人在认识过程中附加的主观因素。更为重要的是，附加主观因素是人类认识外在世界的必然方式，因为除此以外，人们无法去认识外在世界。于此而言，人作为认识主体根本不可能做到纯粹客观，他必然会干涉认识对象，正如他一旦认识了"美"，同时就主观创造了"不美"，认识了"善"，同时就主观创造了"不善"，创立了"是"，同时就主观创造了"非"——这一切全都是道的和谐状态被打破而带来的人为的东西。所以《老子》讲："天下皆知美之为美，斯恶已；皆知善之为善，斯不善已。有无之相生也，难易之相成也，长短之相形也，高下之相盈也，音声之相和也，先后之相随也，恒也。"（第二章）基于这样一种辩证思维，《老子》认为儒家等提出的概念统统都是道之末，无一例外，故而根本不可能成为治理社会崩坏的良方。良方只有一种，那就是以道为本，正如其言，"天得一以清，地得一以宁，神得一以灵，谷得一以盈，侯王得一而以为天下正"（第三十九章)。

那么,统治者如何做到"得一"而使社会重归平静呢?顺着以上思路反其道而行之,《老子》的主张是消除那些后来形成的人为因素,消弭对立,重归于道。"反者道之动",《老子》认为这正是遵循道的运行规律。这一宗旨在具体施行上包含多种维度。

第一,从统治方面而言,《老子》强调统治者不应过多干涉社会,或者干脆不应干涉。《老子》讲:"天地不仁,以万物为刍狗。"刍狗是葬礼上使用的草扎的狗,丧事结束后就烧掉,意思是天地不会因为万物有所毁伤就干涉世间事物,万物即使毁灭,天地亦不为所动。这种观念和后来荀子所说的"天行有常,不为尧存,不为桀亡"差不多。既然天地如此,统治者也应该模仿,高高在上,垂拱而治,将百姓当作刍狗,故云:"圣人不仁,以百姓为刍狗。"(第五章)《老子》又打了另外一个比方,说管理国家如同煮小鱼,若用大火而且勤翻动,鱼很快就被搅烂,只有少翻动甚至不翻动,鱼才会完完整整。强调治理国家就是要无为,少折腾,此即"治大邦若烹小鲜"(第六十章)。顺着这个思路,《老子》抨击各种苛捐杂税就很容易理解了,因为它们都是有为之举,会给社会带来混乱和灾难:"人之饥也,以其取食税之多也,是以饥。百姓之不治也,以其上有以为也,是以不治。民之轻死,以其求生之厚也,是以轻死。"(第七十五章)

第二,从教育方面而言,《老子》认为要泯灭是非和智慧,也就是实行愚民政策,因为百姓智识愈高,离道愈远,故云:"为道者，非以明民也，将以愚之也。民之难治也，以其智也。故以智治邦，邦之贼也；以不智治邦，国之德也。恒知此两者，亦稽式也。恒知稽式，此谓玄德。"（第六十五章）

第三，《老子》主张取消尊贤事功等各种刺激人类欲望膨胀的诱惑："是以圣人居无为之事，行不言之教……不尚贤，使民不争。不贵难得之货，使民不盗。不见可欲，使民不乱。是以圣人之治也，虚其心，实其腹，弱其志，强其骨。恒使民无知无欲也，使夫知不敢，弗为而已，则无不治矣。"（第二、三章）"五色使人目盲，驰骋田猎使人心发狂，难得之货使人行妨，五味使人之口爽，五音使人之耳聋，是以圣人之治也，为腹不为目，故去彼取此。"（第十二章）这里面包含很多启发人的人生哲理。

第四，《老子》反对儒者提倡的仁、义、礼、智、孝、忠等概念，认为它们统统不可靠，都是道被破坏后不得已采取的权宜之计。《老子》认为："大道废，案有仁义；智慧出，案有大伪；六亲不和，案有孝慈；邦家昏乱，案有贞臣。"（第十八章）"案"字传世本写作"安"，都是"乃"的意思。又说："绝圣弃智，民利百倍；绝仁弃义，民复孝慈；绝巧弃利，盗贼无有。"（第十九章）这句话在郭店竹简本中反儒家色彩稍微淡一些，作"绝智弃辩，民利百倍；绝巧弃利，盗贼无有；绝伪弃诈，民复孝慈"。不少人据此认为道家原本并不反对儒家，道、儒本是一家，这是断章取义。在《老子》的思想逻辑中，反对儒家是必然的，这是根本路线问题。

通过以上几点我们可以清楚地看到，《老子》的段落编排尽管缺乏逻辑，但书中表达的思想逻辑其实很严密，完全是理性的，它包含反工具、反理智、反儒家等多种倾向，这岂不是一个悖论？后面介绍《庄子》时我们会看到，《老子》的这几种倾向都被发挥到极致，这里略去不谈。

《老子》揭示了天地万物的运行规律，并没有满足于将其应用于社会治理，还特别关注到个人生存问题，在那个时代，这是相当可贵的思想关怀，孔子和墨子的思想都没达到这个层次。战国思想家并非没有关注个人价值的，像杨朱等人的贵生思想，《孟子》说"杨子取为我，拔一毛而利天下，不为也"。《老子》的思想与此不同，特别重视在纷乱社会中的个人保身及长生，许多思想充满了人生智慧，在今天看来同样有重要价值。

《老子》从常人熟视无睹的普遍现象中看到了人的脆弱性："飘风不终朝，暴雨不终日。孰为此？天地而弗能久，又况于人乎？"（第二十三章）进而思索如何克服这种脆弱性。他找到的秘诀便是道，所谓"人法地，地法天，天法道，道法自然"（第二十五章），归根到底是强调个人同样需要守道，达到最稳定最安全的状态，如此方能长久。所以他说："天长地久。天地之所以能长且久者，以其不自生也，故能长生。是以圣人退其身而身先，外其身而身存。不以其无私欤，故能成其私。"（第七章）又说："富贵而骄，自遗其咎。功成、名遂、身退，天之道。"（第九章）

要注意的是，《老子》所说的长生不单纯指无飞来之祸的自然长寿，还关涉养生问题。很多人认为，神仙养生之类的概念在战国后期才兴盛起来，其实《老子》已经谈到养生方术。譬如说："载营魄抱一，能无离乎？抟气致柔，能婴儿乎？"（第十章）这里提到的是守一和行气。再如："盖闻善摄生者，陆行不遇兕虎，入军不被甲兵。兕无所投其角，虎无所措其爪，兵无所容其刃。夫何故？以其无死地。"（第五十章）这里明确提到"摄生"概念。有很多人认为道教和道家完全不相干，道教完全是拉大旗作虎皮，其实问题并非如此简单。《老子》提到长生，《庄子》更是重视个人养生，道教祖述老子、崇尚庄子，并不是仅仅利用"道"这面旗帜，它们之间除了思想还有方术层面的关联。

最后再谈一个问题。《老子》阐述思想时很喜欢打比方，道家都很有特点，像《庄子》就特别喜欢拿真人编故事。《老子》打比方的对象比较固定，主要有水、牝和婴儿三种。俗语有云，"三句话不离本行"，但是《老子》使用的这三种东西太平常，人人皆知，所以很难据此推测作者的身份。

《老子》对水的评价很高，如："上善若水。水善利万物而有静，居众人之所恶，故几于道矣。"（第八章）"天之莫柔弱于水，而攻坚强者，莫之能胜也，以其无以易之也。水之胜刚，弱之胜强，天下莫弗知也，而莫能行也。"（第七十八章）这两段话在郭店竹简本《老子》中没有出现，但丙组有《太一生水》，尽管二者抄在一起，简的形制和文字完全一致，但很多人认为《太一生水》是单独的一篇文献，其实未必。

牝是雌性动物的生殖器，一般人往往羞于提及，但《老子》

却将其视为道的代表,谓:"谷神不死,是谓玄牝。玄牝之门,是谓天地之根。绵绵兮若存,用之不勤。"(第六章)玄牝之门,即阴道口。世人普遍认为,阳刚阴柔,男强女弱,但《老子》却发现,柔能克刚,静能制动,因而主张大国应当作牝:"大邦者,下流也,天下之牝。天下之交也,牝恒以静胜牡。为其静也,故宜为下。"(第六十一章)另一段话意思也差不多,说"知其雄,守其雌,为天下溪。为天下溪,恒德不离。恒德不离,复归于婴儿"(第二十八章)。

"复归于婴儿",在《老子》看来,如果拿人的一生对比道的整个演化过程,婴儿就相当于道的混一阶段,因此对其高度评价:"含德之厚者,比于赤子。蜂虿虺蛇弗螫,攫鸟猛兽弗搏。骨弱筋柔而握固,未知牝牡之会而朘怒,精之至也;终日号而不嚘,和之至也。知和曰常,知常曰明,益生曰祥,心使气曰强。物壮即老,谓之不道,不道早已。"(第五十五章)这段话同样见于郭店竹简本。

水、牝和婴儿这三种东西对应于阴、柔、雌,世人皆视其为弱者,不足挂齿。然而《老子》却反其道而行之,谓之"弱者道之用"。更关键的是,这三种东西老百姓都十分熟悉,用它们打比方,再怎么愚民也无人不晓。所以《老子》的理论固然玄妙,但能做到这样深入浅出,其用心可谓良苦矣!

第三章
《庄子》之道

一、其人与书

道家中，庄子的地位和影响仅次于老子，故老、庄常常相提并论。不过，尽管庄子的活动时代较老子晚很多，但其身世、事迹等同样没有太多可靠资料可以依据。从《史记》的简短记载中我们得知，庄子是蒙地人氏，名周。（遗憾的是，司马迁并没有交代蒙地具体在哪里，由此造成后人混淆，其故里如今有很多种说法，比如河南商丘、民权，山东东明、曹县，安徽蒙城等。而有庄子或为宋国人、楚国人、齐国人、鲁国人等不同主张。）他曾经做过蒙地漆园小吏，与梁惠王、齐宣王同时代。庄子的学识无所不窥，而其本归于老子学说。庄子著书十余万字，大多是寓言故事，其中《渔父》《盗跖》《胠箧》诸篇主要是诋毁孔子之徒，而阐明老子之术。司马迁说庄子善于"属书离辞""其言洸洋自恣"。后来楚威王听说庄子很贤能，就派遣使者用优厚待遇聘请他做国相。没想到庄子笑着对楚使说:"千金的确是重利,卿相的确是尊位。你难道没见过郊外祭祀使用的牺牛吗?人们用好几年的时间来喂养它,然后给它披上锦绣,放在太庙里。那个时候它想做一头孤独的小猪,难道可以办得到吗?你还是赶紧离开吧,不要玷污我。我宁愿在污水沟里嬉戏自乐,也不愿为国君所羁绊。我终身不做官,我想让自己适意快乐。"

庄子本人的思想基本保存在《庄子》一书中,它分为《内篇》《外篇》和《杂篇》三部分。但是它们的作者究竟是谁,学术界有不同看法,主要有以下几种观点:第一种观点认为《庄子》为庄子所著,此主要见于早期文献,今人基本上都不再这样看待。第二种观点认为《内篇》为庄子所著,《外篇》和《杂篇》为庄子后学甚至其他学派的人所著,创作时间约在战国末期。第三种观点认为现在的《内篇》《外篇》和《杂篇》已非原貌,所以即便《内篇》也不能简单视为庄子所著。第四种观点认为《外篇》和《杂篇》才是庄子所著,而《内篇》为庄子后学所著。第五种观点认为《庄子》三部分均为庄子及其门徒集体创作。以上观点中的第二种得到了学界大多数人的认同。本书介绍的是庄子学派也即《庄子》这部书的整体思想,故对各部分的作者不做具体区分。

《庄子》行文不同于《老子》,甚至不同于其他所有先秦文献,它大量运用幽默诡异、生动形象的寓言来表达思想。这种方式看似很奇怪,有时让人感觉欲言又止,有时让人难以捉摸,有时让人有突兀之感。其实这种特色是《庄子》作者有意所为。毫不夸张地说，正是寓言让《庄子》成为一部文学性和思想性完美结合的伟大著作，其文字汪洋恣肆，其意象雄浑高远，其想象奇特丰富，其思想超凡深邃，在中国思想史、文学史和艺术史上都有深远影响。

二、道与气

《老子》关于道的理论被《庄子》继承并发挥。《庄子》对道最重要的阐述见于《大宗师》篇，其文云："夫道有情有信，无为无形；可传而不可受，可得而不可见；自本自根，未有天地，自古以固存；神鬼神帝，生天生地；在太极之先而不为高，在六极之下而不为深，先天地生而不为久，长于上古而不为老。"这段话初看起来似乎重复了《老子》的话，比如"道之为物……窈兮冥兮，其中有精；其精甚真，其中有信""视之而弗见，名之曰微；听之而弗闻，名之曰希；搏之而弗得，名之曰夷""有物混成，先天地生"等等，但其实对《老子》的思想有重要补充。《老子》虽然说"道生一，一生二，二生三，三生万物"这个从道到万物的创生过程，但并没有交代道是从哪里来的，其"先天地生"从逻辑上暗含着道是否也应该有本源的问题。而《庄子》在这里明确提出道是"自本自根"，也即道没有自身以外的本源。为什么要强调这一点？因为《老子》的思想从逻辑上讲本源可以无限推论下去，但《庄子》认为如果这样的话就会导致一个悖论，正如其

《齐物论》所说:"有始也者,有未始有始也者,有未始有夫未始有始也者。有有也者,有无也者,有未始有无也者,有未始有夫未始有无也者。"无限倒退回去,根本无法确定开始,所以《庄子》强调道是自本自根。

对于《老子》的道创始天地之说,《庄子》亦有较多阐发。如《齐物论》篇提出一个重要概念"宇宙":"奚旁日月,挟宇宙,为其吻合,置其滑涽,以隶相尊?"这个概念被后世解释引用最多的是《尸子》中"上下四方曰宇,往古来今曰宙"这句话。其实《庄子·杂篇》中的《庚桑楚》有自己的解释,说:"出无本,入无窍,有实而无乎处,有长而无乎本剽,有所出而无窍者有实。有实而无乎处者,宇也;有长而无本剽者,宙也。"意思是说道来无踪去无影,实际存在但没有固定的处所,时间长久但没有起始,也即道无处不在而又无限长久。显然,《庄子》的宇宙概念的思想深度超过《尸子》。

关于宇宙创生过程,《老子》所言过于简单,尤其是从道到人都没有涉及,而《庄子》则十分重视这个问题。例如《天地》篇有一段阐释,说:"泰初有无,无有无名。一之所起,有一而未形。物得以生,谓之德;未形者有分,且然无间,谓之命;留动而生物,物成生理,谓之形;形体保神,各有仪则,谓之性。"这里强调宇宙最初是无,也即道,没有"有",也没有"名"。后来无产生一,一没有形体。万物得到一就生长,这就是德;虽然没有形体但彼此有分别,有分别却又浑然一体,这就是命;一不断运动，一经停滞就形成物，物形成了生理结构，这就是形体；形体中寓寄精神，二者各有其表现形式，这就是本性。从道到德、命、形、性，充分表明《庄子》对人之道的根基的重视。

《老子》"道生一"一段后面紧接着说"万物负阴而抱阳，冲气以为和"，尽管暗示气在宇宙创生过程中扮演重要作用，但气的具体作用不得而知。后来《文子》作了进一步解释，说："天地未形，窈窈冥冥，浑而为一，寂然清澄。重浊为地，精微为天，离而为四时，分而为阴阳。精气为人，粗气为虫，刚柔相成，万物乃生。"在《庄子》中，"气"被作为一个重要概念提出来，它有时也称为精，有时称为物，是对道论的重要补充。如《秋水》说：精是微小中最微小的；垺是广大中最广大的；所谓精小粗大，乃是期限有形的东西；至于没有形迹的东西，便是数量都不能再分了；没有外围的东西，便是数量也不能穷尽了。可以用语言议论的，乃是粗大的事物；可以用心意传达的，乃是精细的事物；至于语言不能议论、心意不能传达的，那就不期于精细粗大了。精是最小的有形物，只能意致，仅次于不需用精粗去衡量的道。

《庄子》强调"气"概念，为阐述其社会和人的思想提供了便利。如《在宥》篇说："天气不和，地气郁结，六气不调，四时不节。今我愿合六气之精，以育群生，为之奈何？"暗示气的和顺是人世和谐的前提条件。《庄子》尤其重视气之为人的过程。比如在《知北游》里，舜问丞说，人的身体非己所有，那应该属于谁呢？丞说："是天地之委形也；生非汝有，是天地之委和也；性命非汝有，是天地之委顺也；子孙非汝有，是天地之委蜕也。故行不知所往，处不知所持，食不知所味。天地之强阳气也，又胡可得而有邪！"这段话指出，人是天地造化的结果，其生与性命都是天地阴阳二气调和所成的。同篇另一段话讲得更清楚，说："人之生，气之聚也。聚则为生，散则为死。若死生为徒，吾又何患！故万物一也。是其所美者为神奇，其所恶者为臭腐。臭腐复化为神奇，神奇复化为臭腐。故曰：'通天下一气耳。'圣人故贵一。"可见在《庄子》看来，人只不过是气运行过程中的一个瞬间而已。《至乐》篇讲了一个故事，说庄子的妻子去世了，他的好朋友惠施去吊丧。惠施以为庄子应该很悲伤，谁知庄子却在敲着盆唱歌，毫无悲伤之貌。惠施批评他说："你怎么可以这样呢？"庄子回答说他想通了，因为人本来不存在，人生乃气聚成形，人死不过气散，所以根本无须悲伤："察其始而本无生，非徒无生也而本无形，非徒无形也而本无气。杂乎芒芴之间，变而有气，气变而有形，形变而有生，今又变而之死。是相与为春秋冬夏四时行也。"

三、天与人

在《庄子》中，"天"是一个与"道"相关的重要概念，但其含义比较复杂。有人认为，《庄子》中的"天"和"道"其实很多时候几乎是同义语。例如《德充符》讲"道与之貌，天与之形"，"道"与"天"就是对举而义同，这样的例子很多。相反的意见则认为,《庄子·内篇》中的最高概念不是"道",而是"天""天下""造物者"等。这些看法都有道理。其实,"天"在《庄子》中并非一个一成不变的概念,有时候指与地对应的物质之天,有时候指万物运行的自然之天,"夫天者,万物之总名,自然之别称",还有时候含义侧重万物的本然状态。这里要讨论的是最后一种含义,以及与此义相对应的概念"人"。

《秋水》篇有一段寓言对话述及这两个概念"天"和"人"。北海神对河神说:"懂道的人必定通达事理,通达事理的人必定明白应变,明白应变的人必定不会让外物伤害到自己。德高的人,火不能烫他,水不能淹他,寒暑不能侵害他,禽兽不能伤害他。不是说靠近这些东西不被伤害,而是他们明察安危,安于祸福,谨慎去就,没有什么能伤害他们。所以说:'天在内,人在外,德在天。'"河神听后疑惑不解,就问北海神:"什么是天?什么是人?"北海神回答说:"牛马四只蹄子,这就叫天;套住马头,穿牛鼻,这就叫人。所以说不要用人为毁灭自然,不要用造作毁灭性命,不要因追求名声而贪得。谨守这些道理不违背,这叫作返归本真。"这段精彩对话提出天(本然)人(人为)关系这一重要问题。

总体上讲,《庄子》的观点继承发扬了《老子》提出的人须以道为宗的思路,不过《庄子》更进一步认为,天地万物包括动物和人都必须以道为宗,根本原因是他们的本质属性是道,他们的天性就是向往自由和自然,就像马不需要套头、牛不需要穿鼻那样。如果反其道而行之，就是违背道，带来的只有伤害。正如《马蹄》篇讲的那样，马的蹄子可以用来践踏霜雪，毛可以用来抵御风寒，饿了吃草渴了喝水，性起时翘起蹄奋力跳跃，这都是马的天性。可是后来出现了伯乐，说他善于管理马，用烧红的铁在马身上做标记，用剪刀修剔马鬃，削刻马蹄甲，给马戴上笼头，拴在马槽里，结果十分之二三的马死掉了。剩下的马饿之渴之，让它们快速奔跑，前面用马嚼子束缚，后面用皮鞭抽打，于是又有半数死掉了。不正是各种人为枷锁使马失去天性而丧命的吗？

《至乐》篇也有一则寓言。颜渊到齐国去，孔子十分担心。子贡问他原因，孔子讲了这样一个故事，说从前有一只海鸟飞到鲁国都城郊外（海鸟飞到内陆很罕见）。鲁国国君认为这是好兆头，于是便让人把海鸟抓到太庙里供养起来，给它演奏最高等级的音乐，给它喂最高等级的贡品。谁知道这搞得海鸟眼花缭乱，非常悲伤，一块肉也不敢吃，一杯酒也不敢喝，三天就死掉了。在这个故事中，鲁国国君的所作所为本意是好的，但实施对象错误，导致其行为对鸟而言是"人"不是"天"，所以违背了道，他实际上是杀死海鸟的元凶。类似的故事还可举浑沌的例子。《应帝王》篇讲，南海之帝名字叫儵，北海之帝名字叫忽，中央之帝名字叫浑沌。儵和忽经常一起到浑沌那里做客，浑沌待二人很好。久而久之，儵和忽觉得不好意思，便想办法报答浑沌的恩德。二人商量说："人都有七窍用来看、听、吃东西和呼吸，但唯独浑沌没有，我们给它凿出来吧。"两个人一起努力，一天凿一窍，七天而七窍凿成，结果浑沌死掉了。

《老子》早先已经指出，理性工具譬如什百人之器、车舟、甲兵等所谓社会进步的标志，对道来讲其实都是洪水猛兽，是造成各种束缚、欲望和混乱的根源。《庄子》进一步发扬了这种思想，故其反对技术进步就不难理解了。《天地》篇讲了一个故事，说子贡见到一个老人在菜园劳动，他挖了一条地道直通井里，抱着水瓮到井里取水浇地，很费劲，效果还不佳。子贡感到很奇怪，于是就问老人："有一种工具每天能浇上百畦菜，用力很少，效果还很好，您不想用吗？"老人说怎么做呢？子贡说："这种工具用木头凿成，后面重前面轻，提水就像抽一样，效率非常高，它叫桔槔。"谁知老人听后很生气，讽刺说："我听我的老师说，有了机械必定会有投机取巧之事，有了投机取巧之事必定会有投机取巧之心。心里一旦有投机取巧的想法，就变得不纯洁，精神无法安定专一，道就失去了容身之处。我不是不知道你说的办法，只是羞于使用。"子贡听后满脸羞愧，低头不语。《庄子》认为，技术理性会对人类心灵带来破坏，恰如《骈拇》篇所言，依靠钩绳规矩这些工具来端正事物，其实是损伤事物的本性；依靠绳约胶漆来固定事物，其实是伤害事物的天然禀赋。所以，社会若要达到至德之世，个人若要成为至人，就应当远离各种扰乱人心的根源，去追寻道的足迹，去"人"而顺"天"。问题是，如何才能做到顺天而为以至得道呢？《庄子》的答案是达生和逍遥两种思想。

四、达生与逍遥

必须强调，养生是道家思想固有的重要组成部分。如《老子》提到"摄生"概念，提到"守一"和"行气之术"等。但是《老子》所讲的并非普通的神仙方术，其第五十章说："出生入死。生之徒十有三，死之徒十有三，而民生生，动皆之死地之十有三。夫何故也？以其生生也。盖闻善摄生者，陵行不避兕虎，入军不被甲兵。兕无所揣其角，虎无所措其爪，兵无所容其刃。夫何故也？以其无死地焉。"意思是人动不动就被置于死地，因为他太想活命。而真正善于养生的人是不怕野兽侵袭的，也不怕刀剑加害，他处处都能逢凶化吉，所以不会被置于死地。《老子》为什么这样讲？其所谓"善摄生者"是神仙吗？我们可以在《庄子》中找到问题的答案。

《庄子》中有《养生主》和《达生》两篇专论养生问题，其他篇章如《逍遥游》还有很多重要相关内容。首先，《庄子》鄙视那些一味追求形体不朽的长生方术。如《刻意》篇说："吹呴呼吸，吐故纳新，熊经鸟申，为寿而已矣。此道引之士，养形之人，彭祖寿考者之所好也。"第二，《庄子》所倾心的是像《逍遥游》所述藐姑射山上的神人那样："肌肤若冰雪，淖约若处子；不食五谷，吸风饮露；乘云气，御飞龙，而游乎四海之外。其神凝，使物不疵疠而年谷熟。"第三，怎么才能达到神人那样的状态呢？

《达生》篇有一段假借列子和关尹的对话阐述了这个问题。列子问关尹说:"至人(即得道者)入水而行不会窒息,蹈火而行不会烫伤,行走在最高处不会战栗。请问为什么会这样?"关尹说:"是因为保守住了纯和之气的缘故,并非知巧果敢就能做得到的……得道者处于恰当的位置,藏心于循环变化之理,神游于万物之根源,心性纯一,保养纯和之气,德行与天道相合,而与道相通。像这样的人,其天性完备,其精神凝聚,外物怎么可能侵入呢!"这段话讲的不正是《老子》所谓"善摄生者"吗?他们之所以能像神仙那样具有神奇功能,完全是因为他们与道相通的缘故。《秋水》篇说得更明白:德高的人,火不能烧他,水不能淹他,寒暑不能损伤他,禽兽不能伤害他。不是说他们靠近这些东西不会被伤害,而是说他们明察安危,安于祸福,谨慎去就,所以没有什么能伤害他们。

由上所见,《庄子》的养生思想首先是对《老子》的继承,其"达生"不是追求纯粹的形体长久,而是与道相通。《达生》篇讲了一则寓言,形象地解释了与道相通的道理。说孔子到楚国去,半路上看到一个驼背的人在捉蝉,就像拾取一样容易。孔子就问他:"你这么厉害,有什么方法呢?"那人说:"我有道。在竹竿头上放小石子,经过五六个月的练习,能放两个不掉下来,捉蝉就能不大失手;如果放三个不掉下来,捉蝉十次能有一次失手;放五个不掉下来,捉蝉就像拾取一样容易。我捉蝉时身体像木头一样不动,手臂像枯树枝,天地虽大,万物虽多,注意力只在蝉的翅膀上。我心无二念，不因外物纷杂而改变对蝉翅膀的注意，怎么可能捉不着呢！"这种与道相通的养生思想，是对生死的超越，正如《大宗师》讲的故事那样，子祀、子舆、子犁、子来四个人在一块谈话，说："谁能把'无'当作头，把'生'当作脊梁，把'死'当作屁股，谁能知道生死存亡是一体的，我们就跟他交朋友。"四个人会心地相视而笑，心心相契，成为好朋友。将生命置于道的运行轨迹中，生只是气的瞬间聚集，死则是气复归于常，有这样的思想境界，才有庄子妻死而欢乐歌唱的故事。

其次，《庄子》的养生思想又不仅限于与道相同，超越生死，它还特别注重精神的绝对自由，这是对《老子》思想的重要发展。《庄子》最有名的篇章之一《逍遥游》说，列子乘风而行，轻快极了，十五天就回来了。他在追求幸福的人当中，算是相当幸福的了。但是他虽然不用步行，仍然需要依赖风。如果能顺着自然的本性，把握六气的变化，在无限的时空中游行，那样的人还要依赖什么呢！所以说："至人无己，神人无功，圣人无名。"即得道者忘却自我，不求功业，不求名声。

只有拥有了绝对自由，不依赖于任何外在的事物，做到真正无所待，才是真正达生的人，也即获得至道的人。这种养生方式，正如《在宥》篇中广成子对黄帝讲的那样："至道的精髓深远暗昧，至道的极致昏昏莫测。勿看勿听，抱神以静，身体自然康健。要清静就不要劳累形体，不要耗费精神，如此方能长生。目无所见，耳无所闻，心无所知，精神守护形体，形体才能长生。持守你内在的虚静，弃绝你外在的纷扰，多智就糟了。我帮你达到大明境界，到达至阳之本；帮你进入深邃的门径，到达至阴之本。天地由至道掌管，阴阳为至道所蓄藏。谨慎守护你自身，万物自然生长。我坚守道而与万物和谐相处，所以我修身一千二百岁，形体还没有衰老。"

五、认知与真知

认识论是《庄子》最深刻的思想之一，颇成体系，从多个方面阐述了人类认识能力的有限性、局限性和相对性，庄子因此常被归为不可知论者，或者相对论者，或者怀疑论者。

首先，《庄子》认为认知对象是无穷无尽的，而人的认知能力则非常有限。如《养生主》讲：人的生命是有限的，而知识是无限的。以有限的生命去追求无限的知识，势必会很疲乏。如果明知如此还去追求知识，那就更加疲乏了。为什么个体相对认知对象如此渺小？根本原因是个体的生存只是气的暂时聚集，瞬间怎么可能认识无限呢？所以《庄子》一再强调"人生也有涯"的观念，譬如《逍遥游》说："小知不及大知，小年不及大年。奚以知其然也？朝菌不知晦朔，蟪蛄不知春秋，此小年也。"《秋水》说："井蛙不可以语于海者，拘于虚也；夏虫不可以语于冰者，笃于时也；曲士不可以语于道者，束于教也。"又说："计人之所知，不若其所不知；其生之时，不若未生之时；以其至小求穷其至大之域，是故迷乱而不能自得也。"

不仅未知的认知对象无穷无尽，即便当下认识也是相对的，会因人而异。如《齐物论》认为，每一个体在认识活动开始之前其实心里已经有了"成心"，有了成心也就有了是非标准。成心不同，自然对事物的认识也会不尽相同，如此怎么可能判断出何为是，何为非呢？《庄子》举了一个绕口令似的例子说明此认知悖论："倘若我和你辩论，你胜了我，我没有胜你，你果真对吗？我果真错吗？我胜了你，你没有胜我，我果真对吗？你果真错吗？是我们两人有一人对，有一人错？还是两人都对，或者两人都错呢？我和你都无法知道，凡人都有偏见，我们请谁来评判是非？倘若请观点和你相同的人来判定，他已经和你相同，怎么评判呢？若让观点和我相同的人来评判，他已经和我相同，怎么评判呢？让观点和你我都不同的人来评判，既然都不相同，怎么评判呢？让观点和你我都相同的人来评判，既然都相同，怎么能评判呢？"

不仅认识主体具有先天缺陷，认识工具同样有先天不足。对人类而言，语言既是认知工具，又是表达工具，二者密不可分。但《庄子》却敏锐地发现语言和认知行为具有不可调和的矛盾。《老子》早就讲过，"道可道，非常道；名可名，非常名"，其实已经涉及这种矛盾，但没有详细展开。《庄子》对语言的局限性有深刻领悟。以《大宗师》的一则寓言为例，南伯子葵问女偊怎么得道的，女偊回答说："我从副墨（文字）的儿子那里得道的，副墨的儿子从洛诵（传诵）的孙子那里得道的，洛诵的孙子从瞻明（所见）那里得道的，瞻明从聂许（所闻）那里得道的，聂许从需役（所为）那里得道的，需役从于讴（歌颂）那里得道的，于讴从玄冥（渺茫）那里得道的，玄冥从参寥（高邈寥旷）那里得道的，参寥从疑始（疑测宇宙万物的起源）那里得道的。"从这些根据意义编造的名字来看，语言（包括书面语言和口头语言）和道之间的距离相当遥远。《秋水》中进一步指出，虚无缥缈的道其实无法用语言来捕获：所谓精小与粗大，仅限于有形的东西，至于没有形体的事物，便是数量也不能再分了；不可限定范围的东西，便是数量也不能穷尽了。可以用语言谈论的东西，是粗大的事物；可以用心意传达的，则是精小的东西。语言不能谈论、心意不能传达的，那就不限于精细粗大了。

为什么语言无法准确而全面地表达道？《天道》篇指出：世人珍贵的道载于书上，书不过是语言。语言确有其可贵之处，即其意义。意义有所指向，然而它所指向的却不能用语言来表达。世人虽然看重书，但其实它并不是真正珍贵的东西。眼睛看得见的是形和色，耳朵听得到的是名和声。可悲啊，世人满以为从形色名声就足以获知事物的实情！这段议论下面接着是一段寓言，生动揭示出语言的认知窘困。故事讲的是齐桓公在堂上读书，轮扁在堂下砍削车轮，他放下椎子和凿子走上朝堂，问齐桓公说："冒昧地请问，您所读的书说的是些什么呢？"齐桓公说："是圣人的话语。"轮扁说："圣人还在世吗？"齐桓公说："已经死了。"

轮扁说:"这样,那么国君所读的书,全是古人的糟粕啊!"齐桓公说:"寡人读书,制作车轮的人怎么敢妄加评议呢?有什么道理说出来那还可以原谅,没有道理可说那就得处死。"轮扁说:"我用我所从事的工作观察到这个道理。砍削车轮,动作慢了松缓而不坚固,动作快了涩滞而不入木。不慢不快,手上顺利而且应合于心,口里虽然不能言说,却有技巧存在其间。我不能让我的儿子明白其中的奥妙,我的儿子也不能从我这儿继承这一奥妙的技巧,所以我活了七十岁还在砍削车轮。古时候的人跟他们不可言传的道理都已经一块儿死亡了,那么国君所读的书,正是古人的糟粕啊!"

《庄子》所说的这种语言困境,人们通常不易觉察,其实很容易感受到,特别是当使用不熟练的外语表达自己的时候,你经常会瞠目结舌,感到不知如何言语。相对于外语,母语的道理是一样的,其实只是程度不同罢了,其缺陷无可避免。既然如此,个体如何才能获得道这样的终极知识呢?终极知识在《庄子》中有一种重要概念叫"真知",见于《大宗师》。严格来讲,真知是得道的"真人"才能获得的认知。什么叫作"真人"呢?文章里描述说,古时候的"真人",不倚众凌寡,不自恃成功,也不图谋琐事,错过时机不后悔,赶上机遇不得意,登高不战栗,下水不沾湿,入火不觉热。只有知识达到和道相通的境界才能这样。真人睡觉时不做梦,醒来时不忧愁,吃东西不求甘美,呼吸气息深沉。真人呼吸凭借脚后跟,而普通人呼吸靠喉咙,等等。这样的人，超越了得失和生死，与道合一。然而对于普通个体而言，如何获得真知呢？轮扁的故事已经道出一些奥秘，即需要心领神会，这是超越语言的得道途径。用《外物》的话讲，这叫作"得意忘言"："筌者所以在鱼，得鱼而忘筌；蹄者所以在兔，得兔而忘蹄；言者所以在意，得意而忘言。"

关于心悟道而得真知，《庄子》中有好几个重要名词，如撄宁、坐忘、心斋等，这些概念及其内涵颇具宗教色彩，且日后确为道教所用。撄宁见于《大宗师》，女偊教卜梁倚学道，说三天后能遗忘天下，又七天后能遗忘万物，又九天后便能超越生死，此时心境清明洞彻，而后能领悟道。领悟了道，就能超越时间限制，超越时间便进入无所谓生、无所谓死的境界。道作为物，无不一面有所送一面有所迎，无不一面有所毁一面有所成，这叫作"撄宁"。撄宁的意思就是能在万物生死成毁的纷扰中保持宁静的心境。坐忘亦见于《大宗师》，颜回对孔子说："我进步了。"孔子问道："怎么进步了呢？"颜回说："我忘却仁义了。"孔子说："很好，但是还不够。"过了几天颜回又对孔子说："我又进步了。"孔子问："怎么进步了呢？"颜回说："我忘却礼乐了。"孔子说："很好，但是还不够。"过了几天颜回又对孔子说："我又进步了。"孔子问："怎么进步了呢？"颜回说："我坐忘了。"孔子惊奇地问："什么叫坐忘？"颜回说："把肢体看作不存在，摒弃聪明才智，离析肢体除去心智，和大道融通为一体，这就叫'坐忘'。"心斋见于《人世间》，在杜撰的对话中，孔子对颜回说："你心志专一，不用耳朵听而用心领悟，不用心领悟而用气感应。耳朵的作用仅限于聆听外物，心的作用仅限于感应现象。气是虚的，所以能容纳外物。唯有道才能集结在空虚之中，因为道本身也是虚的。这个虚就是'心斋'，虚才能得道。"

六、黜儒

对儒家进行严厉批判是《庄子》尤其是其后半部分的重要特色之一，很多篇章都反复涉及这一主题。例如《骈拇》篇强调：依靠钩绳规矩这些工具来端正事物，其实是损伤事物的本性；依靠绳索胶漆来固定事物，其实是伤害事物的天然禀赋。同样的道理，用礼乐仁义规范教化人民，其实是破坏人的正常状态。《马蹄》篇讲得更露骨：说道德不被废弛，哪里会有仁义！真性不被离弃，哪里会有礼乐！五色不被搞乱，哪里会有文采！五声不被扰乱，哪里会合六律！用残木做器具，这是工匠的罪过；毁坏道德来求仁义，这是圣人的过失。《胠箧》篇则运用讽刺手法，借先秦最有名的大盗盗跖的门徒之口问："盗者也有道吗？"盗跖回答说："无论哪里怎么会没有道呢？能够猜出屋里藏着多少财物的，就是圣；带头先进去的，就是勇；最后出来的，就是义；根据情况判断能不能动手的，就是智；分赃均匀的，就是仁。不具备这五种素质而成为大盗，这是绝对不可能的。"《在宥》篇则说，提倡目明是淫乱于色，提倡耳聪是淫乱于声，提倡仁是惑乱于德，提倡义是违背常理，提倡礼是助长技巧，提倡乐是助长淫声，提倡圣是助长技艺，提倡知是助长流弊。《庚桑楚》篇的批评更发人深省，说"像尧舜这两个人有什么好称赞的呢？像他们这样的区别贤名善利，正如妄自穿凿垣墙来种植蓬蒿艾草一般……标举贤能则使人们相互倾轧，任用心智则使人们互相争盗。这些方法，不足以使人们淳厚。人们贪利心切，弄得有子杀父，臣杀君，白日抢劫，正午挖墙。我告诉你，大乱的根源必定起于尧舜的时期，而流弊存在于千年之后，必定会变得人吃人了"。

从上述批评可以看出，《庄子》继承了《老子》的思路而有进一步发展，对儒家的剖析可谓入木三分，极尽讽刺挖苦之能事。在这方面，《盗跖》篇最具代表性，它以近乎小说的表现手法、借大盗跖之口对儒家鼻祖孔子进行了激烈抨击，内容发人深省，我们简要介绍一下这篇文字的内容。

孔子和柳下季是朋友，柳下季的弟弟是个大盗，名叫跖。盗跖部下有九千人，横行天下，侵暴诸侯，抢杀百姓，无恶不作，天下人都害怕他。

孔子对柳下季说："做父亲的一定能诏告儿子，做兄长的一定能教导弟弟。若做不到，父子兄弟的亲情也没有什么可贵的了。先生你是当世才子，弟弟是土匪，为害天下，你却不能教导他，我替你感到羞愧。我愿意替你去说服他。"

柳下季说："假若儿子不听父亲的诏告，弟弟不听兄长的教导，又能把他们怎么样？跖的心思难以捉摸，强悍足以抗拒敌人，辩才足以粉饰过错，顺着他的心思他就高兴，违背他的心意他就发怒，先生千万不要去。"

孔子不听，让颜回驾车，子贡坐在车的右边，他们一同去见盗跖。当时盗跖带着部下在泰山南面休息，正在炒人肝吃。孔子下车向前走，见了传达的人说："鲁国人孔丘听说将军高义，恭敬地来拜见。"

传达的人进去通报，盗跖一听大怒，目如明星，发上冲冠，说："这不就是鲁国那个巧伪人孔丘吗？给我告诉他：'你搬弄是非，假托文武，戴着树枝般的帽子，围着牛皮的腰带，繁辞谬说，不耕而食，不织而衣，摇唇鼓舌，迷惑天下诸侯，搞得天下读书人不务正业，妄称孝悌来求得富贵。你的罪孽深重，赶紧滚！不然拿你的肝当饭吃！'"

孔子再请通报说："我很荣幸认识你哥柳下季，希望能到帐幕中去拜见你。"盗跖说："让他进来！"

孔子快步走进去，避席退步，再拜盗跖。盗跖大怒，叉开两只脚，握剑瞪眼，声音像小老虎，说："孔丘过来！你说得顺我心意的话你才能活，违背我的心意就要死。"

孔子说："我听说天下有三种美德：生而长大，美好无双，无论老少贵贱见了都喜欢他，此上德；智识包罗天地，能分辨一切事物，此中德；勇猛果敢，聚众领兵，此下德。凡人有一种美德，就足以南面称王。现在将军兼具三种美德，身高八尺二寸，眼睛炯炯有神，嘴唇红得像朱砂，牙齿整齐得像珠贝，声音合乎黄钟，但你的名字却叫盗跖，我私下替将军感到羞耻。将军若肯听我的话，我愿意南使吴越，北上齐鲁，东去宋卫，西谒晋楚，替将军造一座周围几百里的大城，建立几十万户的都邑，尊将军为诸侯，和天下人有一个新的开始，停战休兵，收养兄弟，共祭先祖。这是圣人才士的行为，也是天下人的愿望。"

盗跖大怒说：

"孔丘你往前点！可以用利禄来诱导，可以用语言来规谏的，都是愚陋百姓罢了。我现在高大英俊，人人见了都喜欢，这是我父母留给我的德。我虽然不称赞自己，我难道不知道吗？我听说喜欢当面称赞别人的人，也喜欢背后毁谤人。现在你告诉我有大城众民，这是想用利禄来诱惑我，把我当作顺民来收买，这怎么可能长久呢？再大的城市也没有天下大。尧舜拥有天下，而子孙却没有立锥之地；汤武立为天子，而后代灭绝。这不正是因为他们有大利的缘故吗？

"我听说古时候禽兽多而人少，于是人民都在树上筑巢以躲避禽兽，白天拾橡栗，夜晚睡在树上，所以叫作有巢氏之民。古时候人民不知道穿衣服，夏天积存了很多木柴，冬天用来燃烧取暖，所以叫作知生之民。神农的时代，睡觉时安然恬静，醒来时宽舒自适，人民只知其母，不知其父，和麋鹿共处，耕食织衣，没有害人之心，这是德最盛的时候。然而黄帝不能达到这种德，和蚩尤战于涿鹿之野，流血百里。尧、舜兴起后，设立群臣，商汤将其君主流放，武王将纣杀害。从此以后，世界都是以强凌弱，以众暴寡。汤、武以来，都是祸害人间之徒。现在你习文、武之道，掌天下之辩，来教化世人，宽衣浅带，矫言伪行，来迷惑天下的君主，而企求富贵。最大的盗莫过于你了，为什么天下人不叫你盗丘，而叫我盗跖呢？

"你用好话哄子路跟随你，让子路不再戴高帽，解下长剑，来接受你的教诲，天下的人都说你孔丘能止暴禁非。可是最终子路要杀卫君没有成功，自己却在卫国东门被剁成肉酱。可见你教导的并不成功。你自称才士圣人，可是你两次被鲁国驱逐，在卫国被禁止居留，在齐国没有出路，在陈蔡被围困，到处都无法容身。你的道理哪里有什么可贵的？

"世人所推崇的莫过于黄帝，黄帝尚且不能全德，战于涿鹿之野，流血百里。尧不慈爱，舜不孝顺，禹半身不遂，汤流放其君主，文王拘羑里，武王代纣，世人所推崇的这六个人，仔细看来都是因利而迷失了本真，强力违反了性情，其行为都很可耻。世上所谓的贤士，莫过于伯夷、叔齐。伯夷、叔齐辞让孤竹的君位而饿死在首阳山，尸体没有埋葬。鲍焦行为高洁非议俗世，抱着树木枯死。申徒狄诤谏不被接纳，负石自投于河，被鱼鳖吃掉。介子推最忠心，割下自己腿上的肉给晋文公吃，文公后来背弃他，子推愤怒离开，抱着树木而烧死。尾生与女子在桥下约会，女子不来，洪水来了他却不走，抱着桥柱而死。这六个人，无异于被屠宰的狗、沉河的猪、拿瓢的乞丐，都是重名轻死、不珍惜生命的人。

"世人所谓的忠臣，莫过于王子比干和伍子胥。子胥沉江，比干剖心，这两个人世谓忠臣，然而终为天下人耻笑。从以上来看，直到子胥和比干，都不足称赞。你劝告我，如果告诉我关于鬼的事，我不知道；若说人间的事，不过这些，我都知道。我现在告诉你，人的性情，眼睛要看颜色，耳朵要听声音，嘴巴要尝味道，心志要满足。人的上寿是一百岁，中寿八十岁，下寿六十岁，除了疾病、死丧、忧患以外，开口笑的时候一个月不过四五天而已。天地的存在是无穷的，人的生存却是有限的。把有限的生命寄托在无穷的天地之间，和快马迅速闪过空隙一般。凡是不能畅适自己的意志，保养自己的生命，都不是通达道理的人。你说的都是我唾弃的，赶紧回去，不要再说了！你这套道理，钻营求取，都是诈巧虚伪的事情，不可能保全真性，哪里值得讨论呢！"

孔子拜了又拜，快步离开，出门上车，手里的缰绳不觉三次掉到地上，扶着车轼低着头，不能喘气。回到鲁国东门外，孔子正好碰到柳下季。柳下季问他，好几天没看见你了，是不是去见盗跖了？孔子仰天长叹说是。柳下季说怎么样呢？孔子说："我是没有病却用艾叶烧自己，鲁莽去撩虎头、捋虎须，几乎不能免于虎口啊！"

第四章
黄老学与老子之祀

一、稷下学宫

　　春秋战国时期，各诸侯国为了应对危机、管理邦家，求贤若渴，故大国有"争天下者必先争人"（《管子·霸言》）的主张。这种土壤非常有利于思想的发展，由此滋生了士阶层的崛起，很多诸侯国和贵族都有养士之风。当时东方最强大的诸侯国是齐国，它创立了一个专门招徕思想者的地方，供其讲学、辩论、议政等，由此长期引领了思想潮流。据魏晋人徐干《中论·亡国》称，这个特殊的地方由齐桓公所创，其内设立大夫之号，招致才子贤人，著名学者孟子等一大批著名思想家都曾来此游学，它的名称叫稷下学宫。稷下，又称棘下。齐国都城临淄城西门叫稷门，学宫设在附近，故称稷下学宫。

　　稷下学宫自齐桓公时开始，延续一百五十年之久，其间几经兴衰。据《史记·田敬仲完世家》记载，至战国后期，齐宣王喜欢文学游说之士，著名知识分子像邹衍、淳于髡、田骈、接子、慎到、环渊等七十六人皆赐列第，聘为上大夫，不治而议论。是以齐稷下学士复盛，游学者多至"数百千人"。所谓"列第"并非虚言，《史记·孟子荀卿列传》说，"自如淳于髡以下，皆命曰列大夫，为开第康庄之衢，高门大屋，尊宠之"。齐宣王给予这些著名学者的地位之高、待遇之厚令人震惊。当然，这种待遇只给予七十六位首席思想家，其数百千人中绝大部分属于弟子身份，境况自当有别。据说，淳于髡死后，弟子三千人为其戴孝。而另一位著名思想家田骈也有弟子百人。战国末期，诸子百家的集大成者荀子亦曾游学于此，并三度为学宫祭酒。

稷下学宫的规模在当时可谓宏大，即便在今天也不逊于一般的大学。表面上看，齐王只是要学宫内的学者们"不治而议论"。其实，这些人不光治学术，更重要的是充当政府的智囊团，统治者会根据不同需要对各种人才加以利用。

士人被统治者赏识而委以要职的现象在春秋战国十分常见。比如齐国名相邹忌原本只是一个弹琴的，只因被齐威王赏识而平步青云，三月而拜相。稷下学者有时候也会被临时差遣。比如淳于髡，他曾多次被委以重任出使他国。公元前371年，楚国派大军侵犯齐国边境。齐王派他到赵国请救兵，最初携带的礼品是黄金百斤、车马十驷。结果淳于髡仰天大笑，系帽子的带子都笑断了。齐王问他是不是嫌礼物太少，淳于髡说："怎么敢嫌少呢？今天我从东方来，看见路旁有个人在向田神祈祷，拿着一只猪蹄、一杯酒，祷告说：高地上收获的谷物盛满篝笼，低田里收获的庄稼装满车辆，五谷茂盛丰熟，米粮堆积粮仓。我看见他拿的祭品很少而祈求的东西却很多，所以笑他。"于是齐威王将礼品增加到黄金千镒、白璧十双、车马百驷。淳于髡到了赵国，赵王与其精兵十万，革车千辆。楚国听到消息，连夜撤兵而去。

不过，稷下学者一般不被授予官职。《史记》说他们"不治而议论"，此外，汉代《盐铁论·论儒》也说："齐宣王褒儒尊学，孟轲、淳于髡之徒，受上大夫之禄，不任职而论国事。"大概稷下学官的宗旨就是如此。从游学者方面来看，思想家们对从政也敬而远之。《战国策·齐策》讲了一个故事，从侧面印证了这个特色。有一个齐国人拜见田骈，说："听说先生有高论，主张不能入仕为官，一心只为百姓出力。"田骈说："你从哪里听来的？"那人答道："从邻家女处听来的。"田骈问："你说这些什么意思？"那人说："邻家之女立志不嫁，可是年龄还没到三十岁却有子女七人。表面不嫁，却比出嫁更厉害。如今先生不做官，却俸禄千钟，仆役百人。表面不做官，可比做官还富哇！"

稷下学者不以为官为务，最主要的任务是议政。据《吕氏春秋》记载，田骈以道术游说齐国，齐王说："我拥有的只是齐国，我想听听齐国之政。"田骈回答说："我说的道术尽管不直接涉及政事，但可以运用到政事上。这就好比树林，里面尽管没有现成的木材，但可以得到木材。希望大王能够从中领悟到治理齐国之政的道理。这只是从小的方面而言，从大的方面讲，岂止齐国的政治！万事万物的变化都有章可循，顺乎其情势来处理没有不恰当的。彭祖之所以长寿，三代之所以兴盛，五帝之所以昭明，神农之所以伟大，都是因为懂得了道。"

除了议政，稷下学者另外的任务是讲学和著述。诸子之学基本上全都指向社会，稷下学亦不例外。刘向《荀子序》说："方齐宣王、威王之时，聚天下贤士于稷下，尊宠之。若邹衍、田骈、淳于髡之属甚众，号曰列大夫，皆世所称，咸作书刺世。""刺世"一词鲜明指出了稷下学术的主旨。在兴盛时期，稷下学官几乎容纳了当时所有的思想流派，像法家、道家、儒家、阴阳家、名家等。不同学派、地域、地位的学者们可以平等辩论，不存在独尊某家的情况，是真正的"百家争鸣"，而且辩论的内容和对象没有忌讳。两个故事可以充分说明当时的思想自由程度。第一个故事是关于齐国辩者田巴的，他到稷下辩论，"毁五帝，罪三王，訾五伯"，对前圣可以随意斥责，一天辩倒千人，无可敌者。稷下学者徐劫有个弟子叫鲁连，才十二岁，被劫称为"千里之驹"，自告奋勇前去辩论。他对田巴说："我听说家里不打扫就不要管外面的草，刀剑砍来就不要管乱飞的箭，为什么？因为事情有轻重缓急。现在楚军在南阳，赵氏伐高唐，燕国十万军队在聊城不离开，国家危在旦夕。先生怎么办呢？"田巴回答说没有办法。鲁连不客气地说："不能转危为安，救亡图存，贵士有什么用？脱离实际的辩论毫无意义，就像鸟叫一样让人厌恶。"结果田巴哑口无言，此后终身不再辩论。第二个故事是稷下学者集体戏弄齐国相国邹忌。

邹忌凭借奏琴技艺见到齐宣王,三天便被任命为相国。对于这件事情,以淳于髡为首的稷下学者都很不服气,想找个机会戏弄一下邹忌,于是大家一起去见他。结果一番唇枪舌剑之后,淳于髡等人败下阵来,黯然离去。

关于稷下学者的著述情况,《史记·孟子荀卿列传》有两段说明。第一段说:"自邹衍与齐之稷下先生,如淳于髡、慎到、环渊、接子、田骈、驺奭之徒,各著书言治乱之事,以干世主,岂可胜道哉!"第二段说:"慎到,赵人。田骈、接子,齐人。环渊,楚人。皆学黄老道德之术,因发明序其指意。故慎到著十二论,环渊著上下篇,而田骈、接子皆有所论焉。"这些著作在汉代尚有存世者,如《汉书·艺文志》法家类著录《慎子》四十二篇,道家类著录《田子》二十五篇,但它们后来都失传,具体内容不可详知。司马迁说这些人都学"黄老道德之术",类似说法在《史记》中还有"黄帝老子术""黄帝老子言""黄老之术""黄老之言"等,这究竟是一种什么样的思想?

二、黄帝学与黄老学

战国诸子多数是托古派,在阐述自己的学说时,往往抬出上古圣人作为立论根据,像儒家以及儒家出身的墨家都推崇尧、舜、禹、汤、文、武和周公等人。在这种氛围中,后起诸子向前辈发难,最好的方式就是找到更早的大靠山。于是,自战国早期开始,关于黄帝的传说和学问逐渐流行起来，且多为论道者所据。究其原因，正如《淮南子·修务训》所言："世俗之人，多尊古而贱今。故为道者，必托之于神农、黄帝，而后能入说。乱世暗主，高远其所从来，因而贵之。为学者蔽于论而尊其所闻，相与危坐而称之，正领而诵之。"根据《汉书·艺文志》的著录，以黄帝命名的文献有数十种，绝大多数出自战国，涵盖范围非常广泛，包括诸子中的道家、小说家，方技中的阴阳家、兵家、天文家、历谱家、五行家、杂占家、医经家、经方家、房中家和神仙家等。

有一种意见认为，这些黄帝文献在当时形成了一种独特的黄帝之学，有大体一致的思想旨趣。葛兆光在其《中国思想史》中写道：与儒墨诉诸人的本性或者人的需求为思想依据不同，黄帝之学以"天道"作为思想的依据，一切世间事都以"天道"即宇宙自然为依据；与儒墨较多关心道德、伦理、政治不同，黄帝之学的知识涉及范围更广，包括了古人的天象、历算、星占、望气、地理、兵法、博物、医方、养气、神仙一类知识。他将这类学问的主要思路概括为四个方面：一是天圆地方的盖天说；二是阴阳、四时、五行是构成天地人的共同法则，由气在中间形成互动和感应；三是形成很多数字化术语；四是认为社会和人间的事情可以用一些自然规则来进行运作。

另一种意见则认为，并不存在什么黄帝之学，因为这些著作太过庞杂，没有体系，我们更应当关注像《汉书·艺文志》道家

第四章
黄老学与老子之祀

著录的黄帝一类文献，具体包括：（1）《黄帝四经》四篇；（2）《黄帝铭》六篇；（3）《黄帝君臣》十篇，出自六国，与《老子》相似；（4）《杂黄帝》五十八篇；六国时贤者所作；（5）《力牧》二十二篇，六国时所作，托之力牧；力牧，黄帝相。这些文献明显属于道家，虽托名黄帝而以老子思想为本，它们应当是汉人所谓黄老学的真正代表。

其实，无论黄帝学还是黄老学，其核心文献都是和《老子》思想有关的那些文本，它们和《庄子》分别代表了《老子》之后旨趣相异的两大道家流派。从很多迹象来看，黄老道者比《庄子》一系的社会影响更大，甚至很多人认为百家争鸣最盛的一派就是黄老道家。不过，像稷下学者田骈、接子、慎到等人的思想，早期文献中仅有片段存留，而《汉书·艺文志》著录的《黄帝四经》等几种虽是黄老道家的

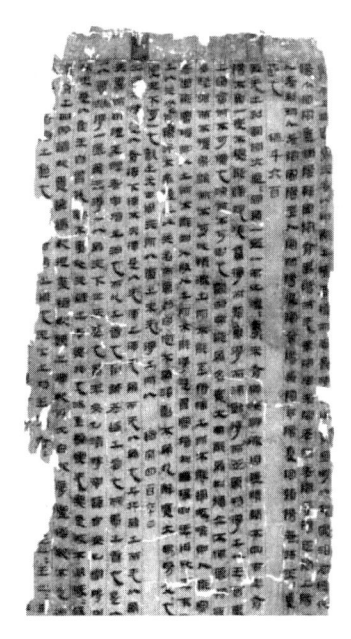

《马王堆帛书·十大经》书影

代表之作，可惜早已失传。幸运的是，1973年年底在马王堆三号汉墓中出土的《老子》乙本前面抄写的四篇古佚书《经法》《十大经》《称》《道原》，学术界普遍认为它们与黄老学有关。著名

学者唐兰认为，这四篇古佚书便是失传已久的《黄帝四经》，依据主要有三条：一是四书的篇数和《汉书·艺文志》著录《黄帝四经》一致；二是四书抄于崇尚黄老的汉文帝初期，其在《老子》之前，唯有《黄帝四经》才能当之；三是引《隋书·经籍志》的记载为据。反对者以裘锡圭为代表，其理由主要有以下几点：一是四书体裁不同，篇幅悬殊；二是只有《十大经》提到黄帝，其他三篇未提及，似乎四篇并非同一部书；三是四书的内容旨趣和《隋书·经籍志》的概括有差距；四是魏晋以前引黄帝之言都不见于这四种佚书。关于四书的成书时间同样有争论，有人主张是在战国末期，有人认为在战国中期甚至初期，要早于《孟子》和《庄子》。

　　先秦时期，尽管在一些道家著作如《庄子》中，黄帝经常和道联系在一起，《大宗师》甚至说黄帝得道升天，但是从概念上讲，黄帝和老子在先秦都是分开讲的，没有"黄老"之说。"黄老"概念最早见于汉代的《史记》，如《儒林列传》说"孝文帝本好刑名之言。及至孝景，不任儒者。而窦太后又好黄老之术"，《曹相国世家》说"参之相齐……闻胶西有盖公，善治黄老言……其治要用黄老术"。而且，司马迁明确地将黄老学与道家放在一起谈论，最典型的是他将老、庄和申不害、韩非子同传记载，说"申子之学本于黄老而主刑名"，韩非子"喜刑名法术之学，而其归本于黄老"（尽管韩非子和李斯一起学于荀子）。《史记》以后，"黄老"成为汉人的普遍概念，东汉甚至出现具有宗教色彩的"黄老道"称呼。

"黄老"概念虽然形成于汉代，但从思想源流来看，它并非司马迁向壁虚造，的确有其历史根据。据《庄子·天下》记载，彭蒙、田骈和慎到的思想可归于一系，大致都主张贵公、去私、因性任物和齐万物以为首。这种"因性任物"的观点已经具有以客观法则为法、道法相关的观念，尽管很朦胧，却受到荀子的批判。荀子说他们"尚法而无法，下修而好作，上则取听于上，下则取从于俗，终日言成文典，反纠察之，则偶然无所归宿，不可以经国定分；然而其持之有故，其言之成理，足以欺惑愚众，是慎到、田骈也"（《荀子·非十二子》）。至于慎到，在汉代完全归为法家，从其著作《慎子》遗篇来看，确实如司马迁所言，其内容既有黄老又有刑名。

综上所述，黄老学虽然在汉代才形成概念性认识，但是战国时期的确存在这么一种思想流派。借用陈鼓应先生的话讲，"'黄老'是黄帝、老子的合称，它以老子哲学为基础，而寓托于黄帝以进行现实政治的改革。这股政治哲学的思潮兴起于战国中期，它之渊源于齐或楚越固有争议，但它昌盛于齐，为稷下道家所倡导并在稷下学宫百家争鸣中取得主导地位，当无疑义。黄老思想经稷下道家的发扬而流传于全国各地，儒家的孟、荀和法家的申、韩，都受到黄老道家的重大影响"。

如果黄老学可以分为南北两系的话，稷下学派自然是北方代表，而南方则是马王堆出土的四篇古佚书，它们较多受楚文化的影响。其实不论这四篇究竟是否《黄帝四经》，以及其编撰时代是在战国中期还是末期，它们是先秦最完整的黄老道家思想的代表作这一点，基本没有什么疑问。四篇古佚书中，《经法》主要论自然和社会存在的永恒法则；《十大经》主要论刑名、刑德、阴阳、雌雄等对立统一和转化关系；《称》主要论通过矛盾转化关系选择最有效的治国与修身方法；《道原》则主要论道的本体和功能。四书与《老子》的关系很密切，引用字词概念等达一百多条。尤其是《道原》，对《老子》的"道"进行重新诠释，发展了道论。如它认为道具有二重性，"既无始又有始，既无名又有名，既隐微又显明，既小而无内又大而无外，既不可企及又可以企及，既虚又实，既运动变化又静止恒定……这种道的二重性就构成了道的既不可感知又可以感知的本体论"。此本体论为人们把握道提供了可能性和必要依据，也为人们有效掌握到的本体以最大限度地创造社会功用提供了前提。黄老道家和《老子》在道的本体论方面的这种差异，构成了道家的两个不同的发展走向。（见陈鼓应《黄帝四经今注今译》）

关于《老子》之《道经》和《德经》的顺序问题，著名学者高亨曾提出一种意见，认为在战国时期其传本可能存在两种：一种是《道经》在前《德经》在后，为道家传本；另一种是《德经》在前而《道经》在后，为法家传本（《韩非子·解老》就是先解《德经》，后解《道经》）。陈鼓应认为，《道经》在《德经》前的《老子》通行本维持了《老子》的原貌，是老子道家传本；而

《德经》在《道经》前的帛书《老子》本，应该是黄老道家传本。"道"向社会性倾斜，是黄老学派对老子思想的一种发展，也是黄老道家的一大特点。他进一步认为，四书中《经法》在前，《道原》在后，恰与帛书《老子》之《德经》在前《道经》在后相一致，这是黄老学派落向现实社会的表现。

作为黄老文献，四篇古佚书与法家的关系是其另一个最引人瞩目的特色。法家对社会秩序的认识比较独特。法家反对孟子所谓人先天具有"恻隐之心""羞恶之心""辞让之心""是非之心"的人性善观点，与原罪说有些类似，他们认同人性恶的观念。比如《商君书·开塞》说，人类一开始就只知其母而不知其父，"其道亲亲而爱私"。亲亲就是爱自己的人，爱私就是注重自己的私利。爱自己的人就会区别亲疏，注重私利就会心存邪恶。这样的人形成社会却没有一定规则，那么这个社会一定会混乱，到处是争夺与战争。为了应对危机，最初有人提出了仁爱、尚贤准则，于是尚贤代替了亲亲。但是在法家看来，"凡仁者以爱利为务，而贤者以相出为道"，这种方法只不过是亲亲的翻版，无法从根本上解决问题，于是孔、墨之后社会更加混乱。在这种思路下，法家的治理方案应运而生。他们主张首先对土地、财货、男女等进行"分"，然后制定法令保障这种"分"，再设立官职管理这些法令，确保其执行，最后设立君主，统一领导百官。上述逻辑即《开塞》所谓"分定而无制，不可，故立禁；禁立而莫之司，不可，故立官；官设而莫之一，不可，故立君"。法家认为，有了这套君主制度，其他标准都可以废除。显而易见，与儒家、墨家、道家相比，法家的社会治理方案最务实，操之即行，行之有效。这是孔子之所以周游列国而处处碰壁、穷困如丧家之犬，而著名变法家如魏之李悝、秦之商鞅、楚之吴起等都是法家人物的根本原因。

《老子》提出的道论贯通天地人，听着非常过瘾，实际上是画饼充饥，落不到实处，统治者难以操作。战国时，魏国大将吴起投奔楚国，他深受李悝影响，在担任楚国令尹期间，进行了大刀阔斧的改革，使楚国迅速强大起来。虽然吴起后来被车裂，但其法家思想还是深刻影响了楚国文化。在这种氛围中，道家思想出现向法家思想转变的趋势，马王堆四篇古佚书便是道法转换的代表之作。佚书第一篇《经法》第一节即为《道法》，专论"道生法"及"法"的重要意义。其开篇便说："道生法。法者，引得失以绳，而明曲直者也。故执道者，生法而弗敢犯也，法立而弗敢废也。"然后又讨论了道的重要性以及治理国家、建立刑名和掌握道之间的关系。

由上可以看出，黄老道家在继承《老子》思想的基础上进行了改造，其理论明显向务实性和可操作性转变，引出一系列社会政治准则，整体向法家靠拢，走出了一条和《庄子》不同的道家发展路线。

三、祭祀老子

汉代初期,由于秦末农民起义和楚汉战争对社会造成了极大伤害,统治阶层非常注意汲取暴秦灭亡的历史教训,主张"反秦之弊,与民休息"。在此背景下,道家尤其是黄老道家思想顺势被奉为圭臬。自刘邦开始,其后历经孝惠、高后、文、景诸帝,普遍崇尚黄老之学与术,推行"无为而治"的治国方略,以清静宽舒为贵,最终成就了著名的"文景之治"。

刘邦本农民出身,不事生产而游手好闲,没有什么文化。其大臣亦多来自社会下层,对儒家那套繁文缛节不感兴趣,普遍推崇清虚无为。据《史记·高祖本纪》记载,刘邦率军攻入咸阳后,首先做的事情就是省却秦之苛法而约为三章:"父老苦秦苛法久矣,诽谤者族,偶语者弃市。吾与诸侯约,先入关者王之,吾当王关中。与父老约,法三章耳:杀人者死,伤人及盗抵罪。余悉除去秦法。"汉朝正式建国后,很多有识之臣认识到道家思想的重要性,连儒家树立的偶像舜、周公等也被描饰成实行无为而治政策的典范。例如陆贾《新语》说:过去虞舜治理天下,整天弹琴唱歌,好像没有治国忧民之心;周公制礼作乐,郊天地望山川,军事涣散,法律松弛,可是四海之内都有归附。所以无为实际上是有为啊!刘邦顺应时代需求与民心所向,推行了很多休养生息的政策,如"十五而税一,量吏禄,度官用,以赋于民"的轻徭薄赋方针，使汉初经济较快复苏与发展。

汉初的几位重要谋臣像张良、曹参、陈平等都深受黄老思想影响。以曹参为例，惠帝元年（前194），曹参被任命为齐国丞相。他请来长老诸生征询安定百姓的方法，结果数百儒生众说纷纭，曹参不知如何定夺。后来他听说胶西有位盖公，精研黄老学说，于是就派人用厚礼请他来。盖公对曹参说，治理国家最好清静无为，这样百姓自然安定。曹参对此深以为然，他非常佩服盖公的见识，还让出了自己的正堂让他居住。曹参后来果然采用黄老之术治理齐国，为相九年期间，百姓安定和睦，曹参受到人们普遍称赞。后来汉相萧何去世，曹参接替其位。为相期间，曹参办事一切遵循萧何制定的法令，从来不做任何变更。他挑选了一些质朴而不善文辞的忠厚长者为丞相史，将那些善于言辞、追求名声的官吏全都辞退，他本人则日夜饮酒。下属官员以及宾客们见他不理国事，都来进言劝告，结果到了曹参家，曹参总是用酒招待他们，不让他们说话，他们直到酩酊大醉，也得不到开口的机会。时间久了，很多官员都学得跟曹参一样，只知吃喝玩乐。曹参相府后园邻近官员宿舍，官员们整天在宿舍饮酒唱歌，大呼小叫。曹参的随从们很讨厌他们，但又无可奈何。后来他们想了一个办法，特意请曹参到后园游玩，让曹参知道官吏们不务正业。没想到的是，曹参知道后不仅不责备这些官员，反而取来美酒一边痛饮，一边歌唱欢呼，和他们相应和。年轻的惠帝听说了曹参的所作所为很不理解，责怪他不理政务，以为是瞧不起自己。岂知曹参对惠帝说："陛下自认为比起高帝来谁更圣明英武？"惠帝说："我哪里敢跟先帝相比呢！"曹参又问："陛下认为我和萧何相比谁更为贤能？"惠帝说："你好像不及萧何。"曹参说："陛下所言极是。高帝和萧何平定了天下，制定了完备的法令，如今陛下只需垂拱而治，我则安于值守，一切遵循原有法度，不出错误不就行了吗？"惠帝听了觉得很有道理，便原谅了曹参，说："说得好。你休息去吧。"曹参任汉相国三年，司马迁对他的评价是："清静无为，被认为最合乎道家的准则。百姓们在遭受秦朝的残酷统治之后，曹参给了他们休养生息的时机，无为而治，所以天下都称赞他。"

汉文帝在位时，先后任命刘邦旧臣周勃、陈平、灌婴等人为相，继续推行与民休息的政策，宽刑薄赋。文帝本人的思想倾向，据《史记·礼书》讲，"孝文好道家之学，以为繁礼饰貌，无益于治，躬化谓何耳，故罢去之"。《风俗通义》也说他"修黄老之言，不甚好儒术，其治尚清净无为"。随后的汉景帝同样致力于黄老之政，继续让利于民。例如汉景帝前元元年（前156），景帝一即位就下令将田租减掉一半，由汉初的十五税一降到三十税一。在法律方面，他非常注意减轻刑罚，对之前一些用刑过度的现象进行了纠正。

文、景二帝当政期间，有一个推崇黄老的重要幕后人物，她就是窦太后。据《史记·外戚世家》记载，窦太后不仅自己喜好黄帝、老子之言，还让景帝、太子等人都必须读黄老之书，尊其术。《汉书·儒林传》有一个故事,说景帝时有一位以《诗》闻名的博士叫辕固。有一天,窦太后把他叫去,询问他对《老子》的看法。结果这位不识趣的儒生说:"这本书不过是下等人的话罢了。"窦太后听后很生气,说道:"是啊,它怎么能比得上儒家的诗书呢!"于是故意让辕固去杀野猪,幸亏辕固得景帝相助,得到了一把锋利的兵器,这才把野猪杀死。汉武帝即位后,赖于汉初长期积累的财富和国力,欲推行新政,独尊儒术,重用儒生,这意味着要改变实行了数十年的休养生息方针,结果这引起了窦太后的警觉。汉武帝以魏其侯窦婴为丞相,武安侯田蚡为太尉。此二人均好儒,推举儒生赵绾为御史大夫,王臧为郎中令。后来赵绾撺掇汉武帝不要向窦太后禀奏政事。窦太后忍无可忍,便找了个借口将赵、王二人下狱。二人后来被迫自杀,而窦婴和田蚡也被免职。汉武帝的新政一时受挫,直到窦太后去世以后,他才完全施展了自己的抱负。

经过汉初几十年对黄老学与黄老术的推崇,老子的地位在民间得到极大提高,即便后来汉武帝独尊儒术,老子为孔子师的形象也一直在民间广泛流传。战国时期,庄子一系为了推老斥孔,极力渲染夸张孔子见老子的故事。司马迁撰写《史记》时,根据《庄子》对这个故事进行了整合,于是它就成了信史。汉代人对这个故事的痴迷程度,在画像石上得到集中体现。根据考古资料统计,汉墓中发现了大量孔子见老子题材的画像,其分布地域非常广泛,包括黄河流域的陕西、河南、山东,长江流域的四川、江

第四章
黄老学与老子之祀

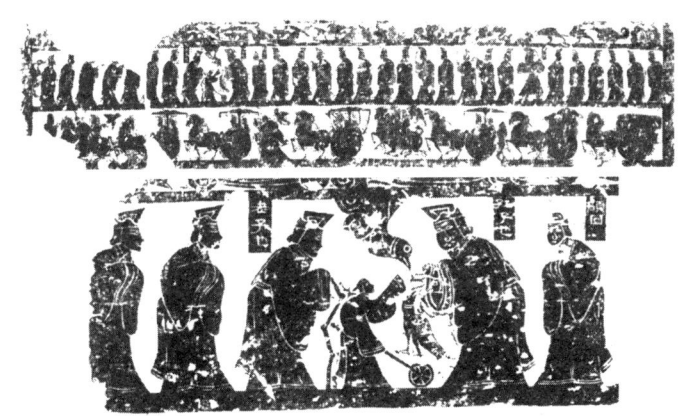

山东嘉祥武氏祠汉代画像石上的《孔子见老子图》。上图为总图，其上层人物画中，左起第八人榜题为"老子也"，第十人榜题为"孔子也"。二人身后皆为诸弟子，孔子一侧榜题有颜回、子路和子张。会见场面颇为壮观。下图为局部图。可见老子手扶曲木杖，以礼迎宾，孔子则双手捧雁，毕恭毕敬。《仪礼·士相见礼》云："士大夫相见以雁。"此图像的相关分析详见姜生《汉画孔子见老子与汉代道教仪式》（《文史哲》2011年第2期）

苏等多个省份。这些图像对传统故事中孔子见老子时毕恭毕敬的神态和场面描绘得非常生动。

东汉后期，在国家层面上，老子的地位又经历了一次重大变化，此即皇帝亲自祭祀老子。据《后汉书·桓帝本纪》记载，延熹八年（165）正月，汉桓帝派遣中常侍左悺到苦县祭祀老子。苦县，即《史记》所载老子故里。同年十一月，桓帝又派中常侍管霸到苦县，再次祭祀老子。《祭祀志》进一步说，桓帝即位十八年，好神仙事，延熹八年让中常侍到苦县祭祀老子后第二年，他竟然亲自祠老子于濯龙，使用了隆重的国家礼节，"文罽为坛，饰淳金扣器，设华盖之坐，用郊天乐也"。《后汉书》撰者范晔这样评价桓帝："前史称桓帝好音乐，善琴笙。饰芳林而考濯龙之宫，设华盖以祠浮图、老子，斯将所谓'听于神'乎！"

  关于桓帝祭祀老子的时间和原因还有另外一种说法。据说在后汉延熹八年八月某一天，汉桓帝夜里梦见老子，因而心生祭祀的想法。当时担任老子故里苦县所属陈国之相的是著名学者边韶，他奉命祭祀老子，并且专门写了一篇纪念文章，是为《老子铭》。这篇铭文流传后世，目前最早见于南宋洪适编撰的《隶释》一书中（稍晚一点的南宋谢守灝《混元圣纪》也有收录），序文加正文共八百多字，比司马迁的《老子传》还多三百多字，是仅次于它的最早的老子传记，有兴趣的读者可以拿它和《史记》进行对比阅读。

第五章
道教的产生

一、五行与王朝更替

五行思想的出现比较早,但源头尚难以确定。在战国后期,它出现一个较大的变化,深刻影响了秦汉社会秩序和思想。

战国后期的稷下学者中有一个人叫邹衍,他是阴阳派最重要的代表人物。据《史记》记载,邹衍的学问十分怪异。他看到那些掌权诸侯越来越荒淫奢侈,不能崇尚德政,惠及百姓,于是就深入观察万物的阴阳消长,注意那些怪异的变化,写出了《终始》《大圣》等书,共十万余字。邹衍的话宏大广阔而荒诞不经,必先验证于细小的事物,然后推而广之,以至于无边无际。比如讲到地理,他说儒者所谓的中国只是天下八十一分之一罢了。中国叫"赤县神州",内部分为九个小州。在中国之外,像赤县神州这样的地方还有九个,每个州都有海环绕着,不与其他州相通。这九个州外面还有更大的海环绕着,再外面就是天地边际。比如讲到历史,他先从当今说起,往前推至人们都知道的黄帝时代,一直说到天地出现之前的事情,真是深幽玄妙,令人无法考证真伪。邹衍认为,自开天辟地以来,一直有五种德治依次更替,代表着朝代的盛衰变化,每一种德治都有各种征兆。邹衍的这种思想就是五德终始说。

根据《吕氏春秋·有始览·应同》的转述,五德终始说的要旨是这样讲的:"凡帝王者之将兴也,天必先见祥乎下民。黄帝之时,天先见大螾大蝼,黄帝曰'土气胜'。土气胜,故其色尚黄,其事则土。及禹之时,天先见草木秋冬不杀,禹曰'木气胜'。木气胜,故其色尚青,其事则木。及汤之时,天先见金刃生于水,汤曰'金气胜'。金气胜,故其色尚白,其事则金。及文王之时,天先见火,赤乌衔丹书集于周社,文王曰'火气胜'。火气胜,故其色尚赤,其事则火。代火者必将水,天且先见水气胜。水气胜,故其色尚黑,其事则水。水气至而不知,数备,将徙于土。"显而易见,邹衍的这套理论是将五行说套用到政治更替上,其所用顺序是相胜或相克,即新朝代之某行必定胜过旧朝代之某行,如木克土、金克木、火克金、水克火、土克水。(另一种顺序是相生,即土生金,金生水,水生木,木生火,火生土。)根据这种理论,周朝之后将是水德之朝。

有意思的是,秦始皇统一全国后,竟然采纳了邹衍的理论,将其付诸实施。《史记·秦始皇本纪》记载,秦始皇推终始五德之传,认为周为火德,秦代周,应该采用水德。既然是水,一切朝政礼仪等均应与水对应，于是将元旦定在十月初一，衣服、旄旌、旗帜改为黑色，数目以六为标准，符信、法冠都定为六寸，车宽六尺，六尺为一步，一辆车六匹马，把黄河改为德水，甚至做事风格刚毅戾深、事皆决于法也被解释成合乎水的特征。

汉代秦后，最初很多人不承认暴虐无道且国祚很短的秦朝是一个正统朝代，而认为汉直接承自周，当应水德之运。张苍就持这种看法，他推演五德之运，以为汉当水德之时，尚黑如故。这个意见被刘邦采纳。但是也有人不认同水德，认为秦是正统朝代，故汉应当是克火之土。不管怎样，显然邹衍的五德终始说在汉初仍然在起作用。到了汉武帝的时代，朝代终始理论出现了混乱。一方面不断有人主张改土德，另一方面，董仲舒在《春秋繁露·三代改制质文》中提出另外一种朝代更替理论"三统说"，即三统轮流更替，各有相应制度，其中夏代是黑统，商代是白统，周代是赤统。汉武帝对这两种意见做了综合，改正朔为土德。

到了西汉末期，朝代更替理论再起波澜，刘向、刘歆父子重新整理了历史，梳理出一条新的更替规则，将汉朝定为火德，而且继承顺序变为相生规则。王莽篡汉建立新朝后，采用了刘氏父子的主张，承认汉属火。根据五行相生规则，火生土，所以新朝应土德。东汉建立后，光武帝刘秀自然不承认新莽的合法性，但是却认同刘氏父子的理论，汉朝没有灭亡，火德应当继续。自此以后，汉朝为火德之说就完全确定下来，刘邦为赤帝子的传说深入人心。这就带来一个问题：火生土，火德之后将是土德之朝，谁能应此天命呢？

二、灾异与王朝秩序

中国上古时期不知何时出现一种观念，认为政治常常由好兆头或者坏兆头来表征。早在孔子时代，他就感叹祥瑞很长时间没有出现了，所谓"凤鸟不至，河不出图"（《论语·子罕》）。战国后期，邹衍将五行思想和朝代更替捆绑在一起的同时，也将"帝王之将兴也，天必先见祥乎下民"的思想推而广之。

祥瑞显，圣人出，治世现。相反，世间若有灾异发生，则预示着将会发生重大不幸之事，而且一般指向统治阶层或者政权。譬如《春秋》记载灾异现象特别丰富，汉代京房说："《春秋》纪二百四十二年灾异，以视万世之君。"战国后期，荀子专门写过一篇颇具唯物思想的文章批判这类灾异观念。《荀子·天论》说，天的运行规律固定不变，不会因为尧是圣君而存在，也不会因为桀是暴君而灭亡，顺之则吉，逆之则凶。对于星星坠落、木头发声的事情，人们都感到害怕，问这是怎么回事。其实这些现象只是天地运行过程中不常见的事情罢了，奇怪可以，但没有必要害怕。

汉代建立后，对荀子这种唯物思想认同的人很少，灾异观念反而被普遍认同。例如陆贾《新语·明诚》讲，坏的统治会带来恶气，而恶气会形成灾异。像螟虫一类的害虫就是随恶气而生，天上的虹霓系因政而见。因此，如果人间的统治失道，则天上就会出现征兆；如果恶政用于百姓，则田野中就会出现螟虫。我们很容易看出，这种思维是双向的，即祥瑞⇆治世、灾异⇆恶政，对应物之间相互感应，其思维和五德终始说完全一致，都是天人感应思想的产物。而且古人认为这是自然规律，有"科学"现象可以为证，这就是《吕氏春秋·有始览·应同》所说的"类同相召，气同则合，声比则应"，或者陆贾在《新语·术事》中所说的"事以类相从，声以音相应"。

先秦的灾异记录中很大一部分是天文现象，而其解释基本都是从星占学角度出发的。从《左传》等古文献记载来看，当时所谓怪异天象（当然是相对于当时的天文学知识而言）并非完全针对国君，灾异原因也未必纯粹因为政治。鲁昭公十八年（前524）夏季五月，大火星突然在黄昏出现，预言家说宋国、卫国、陈国、郑国将要发生火灾。郑国精通星占术的裨灶劝说执政子产用宝物禳火，但是子产不相信这一套，说："天道幽远，人道切近，两不相关，怎么可能由天道而知人道？"后来郑国果然没有再发生火灾。

不过在君权制度下，由于灾异思想关涉人神交通，引起统治者高度重视。《吕氏春秋·纪秋季·顺民》讲了一个故事，说汤克夏立商后，天下大旱，连续五年没有收成。于是汤亲自到桑林祈祷，祷词这样说："我一个人有罪，不要祸及百姓。百姓有罪，全由我一人负责。不要因为我一个人的罪过，使上帝鬼神伤害百姓的生命。"这段话背后的意思要特别注意，汤将灾异原因拼命往自己身上拉，表面是爱护百姓，而深层逻辑是只有帝王才有资格和上天交通，这其实是另一层面的"绝地天通"。《国语·楚语》讲了一个故事，说古时候民、神杂糅，颛顼帝命令南正重掌管天以属神，命火正黎掌地以属民，二者不相干扰，是谓绝地天通。民、神被分开以后，老百姓若想要求助于神，只能通过少数媒介人物如巫觋或帝王。尤其在君主专制体制下，皇帝实际上逐渐垄断了交通上天的权力，灾异和祥瑞因而也成为统治者的专利。这一趋势随着汉帝国中央集权的加强而渐趋明显。

高后七年（前181），出现被视为灾异的日食现象，白天变黑，吕后以为这是上天在谴告自己专权："己丑，日食，昼晦。太后恶之，心不乐，乃谓左右曰：'此为我也。'"文帝前元二年（前178），两个月内连续出现两次日食，文帝特意下了一道诏书批评自己：我听说天生万民，为他们设置君王，以养育治理他们。如果君主不贤德，施政不公，上天就会用灾象警示他，以防止施政不当。……我得以保全宗庙，以渺小身躯凌驾于万民及诸侯王之上，天下的治与乱都取决于我一个人，唯有几位执政大臣好比我的手足。我下不能很好地治理养育百姓，上有损于日月星之明，我的罪过太大了。接着，文帝公布了好几项措施来弥补过失，包括招纳人才、省民徭役、裁减军队等。

灾异促进社会管理的进步，这是好皇帝采取的措施，我们再看另外一个故事。汉成帝绥和二年（前7）春，天上出现荧惑守心这一非常罕见的天文现象。荧惑即火星，五大行星另外四颗分别叫辰星（水）、太白（金）、岁星（木）、镇星（土）。荧惑在古代被视为灾星，不仅与贼疾丧饥兵等不祥之事关联，更关键的是还和帝王的天命直接攸关，正如《史记·天官书》所言："荧惑为孛，外则理兵，内则理政，故曰：'虽有明天子，必视荧惑所在。'"心宿为二十八星宿之一，被星占家视为"荧惑之庙"。荧惑守心，就是说荧惑在心宿发生由顺行转逆行，或者由逆行转顺行，并且在心宿停留一段时间的天文现象。在古代，这是一种关涉帝王命运的极凶之兆，一般不会出现，出现则意味着将有关于皇帝或皇权的重大事件发生。它出现在汉成帝时，自然引起朝堂震动，于是大臣们纷纷进言禳灾之法，其中有一类意见很耐人寻味，"大臣宜当之"，意思其实是找个替死鬼消灾。当时任宰相的是翟方进，很不幸的是，这个人的人缘很差，到处都是政敌，替身消灾的方案其实是针对他设计的。最后汉成帝召见翟方进，商讨应对灾变之法。翟方进回家后不久，皇帝诏书紧随而至，对翟氏进行强烈暗示，他最后不堪压力，自杀身亡。

灾异和王朝秩序的关系在汉初不断被强化，最终被董仲舒纳入其儒术体系，形成一套专门理论——灾异谴告说，并逐渐成为汉代的正统神学思想。董仲舒以治《春秋》见长，《春秋》是一本什么样的书，上文已经说过，"纪二百四十二年灾异，以视万世之君"。窦太后去世后，汉武帝迫不及待地下诏征求治国方略。董仲舒连上三篇策论回答汉武帝，系统提出了"天人感应""春秋大一统"学说和"罢黜百家，独尊儒术"的主张。这三篇策论史称"天人三策",其首篇就提出了灾异谴告说:国家如果发生违背道的事情,那么上天就会降下灾害来谴责和提醒;如果不知反省,又生出怪异之事来警告和恐吓,还不知道悔改,那么伤害和败亡就会降临。由此可见,上天对人君是仁爱的,想帮助他消弭祸乱。其《春秋繁露·必仁且知》对这个理论有更详细的解释:天地万物有不常见的变化,这是异,小的则称灾。灾常常先出现,异紧随在后。灾是上天的责备;异是上天的威吓。责备如果不知改悔,就会用威吓使其畏惧。……所有灾异的根源,全都在于国家的失道。国家出现失道的苗头时,上天就会降下灾异责备警告。如果不知改变,就再降下怪异的事情使其惊骇。如果对于惊骇还不知道畏惧,那么灾难就降临了。"

董仲舒的理论大大强化了灾异和帝王之间的关系。既然灾异皆因皇帝而起,皇帝应该很快认识到这个警告并采取适当的行动。如果他有效地做到这点,他将结束混乱或不平衡,并弥补缺乏和谐的状况。基于这样的思想逻辑,每当有非常态的社会或自然现象也即灾异发生时,便意味着皇帝在某方面存在问题需要反省或改正,随之而来的便是皇帝下罪己诏、罢免大臣、诏举贤良、整顿吏治、大赦天下等一系列措施。在汉代,这种现象特别突出,皇帝们先后发布了好几十次的罪己诏书,试图以此消除天子与上天之间的紧张关系。

然而必须看到,灾异论是一把双刃剑。在汉代前期,由于社会状况比较稳定,灾异论的作用基本上是正面的,由于灾异出现而导致以皇帝为代表的官方自检行为对社会的稳定确实起到了重要作用，其措施亦能够较好地收拢民心。然而当社会处于失控的边缘，大量正常自然现象亦会被理所当然地视为灾异，极易导致民众对政权合法性的怀疑乃至完全否定，汉末的道教运动就是在这样的逻辑下登上了历史舞台。

三、末世论与汉代改制

宗教的出现往往和末世传说相生相伴。譬如基督教讲，上帝见到自己创造的大地上充满了邪恶行为，于是计划用洪水消灭那些恶人。为了不伤害到好人诺亚，上帝指示他建造了一艘方舟，告诫说等大洪水来了，让诺亚带着其家人、牲畜、鸟类等动物一起登上方舟。后来大水来临，恶人们果然都被涤荡干净，唯有诺亚方舟上的人和动物存活下来。如故事所见，末世论的意义其实在于拣选少数人，绝大部分人都会在末世来临时灭亡，被拣选的幸运儿将成为日后恢复生命的种子。问题在于，谁愿意成为那绝大部分，谁不希望成为少数幸运儿呢？

西汉经过武帝强力开疆拓土后，帝国空前强大，但长期战争不可避免地对社会造成严重损伤。武帝晚年时已经意识到问题的严重性，尽管采取了一些措施，但颓势已无可挽回。尤其到了西汉后期，各种社会矛盾此起彼伏，大有激化之势。在这样的社会背景下，纷至沓来的各种灾异渐渐有了不一样的含义。在大量灾异报告中，那些末世预言给民众带来的恐慌尤其巨大。《汉书·五行志》记载，成帝建始三年（前28）十月，京师相惊，传言大水将至。大水，即大洪水。不久，有一齐人名叫甘忠可，他编造了一本名为《天官历包元太平经》的书（也有人认为是《天官历》《包元太平经》两本书），并到处散布谣言，说"汉家逢天地之大终，当更受命于天，天帝使真人赤精子，下教我此道"。赤精子即刘邦，因为后来汉朝定为火德，所以刘邦就成了赤帝之精，"高祖感赤龙而生，自谓赤帝之精"。甘忠可的意思是说汉代遭逢世界末日，必须由天帝重新任命才能免遭灾难，他作为天帝的使者降临凡间，就是要教授人们，其实主要是皇帝怎么重新受命。必须重新受命，背后隐含的意思即当下的政权已经失去神学合法性。甘忠可很快被中垒校尉刘向（也是著名学者）举报，刘向并建议朝廷逮捕他，罪名是假鬼神罔上惑众。结果甘忠可被关进监狱，还没有审判就病死了。

宗教的种子一旦萌芽，便一发不可收。甘忠可死后，其信徒黄门待诏夏贺良等人只受到轻微处罚，他们继续秘密传授末世来临的预言。成帝死后，哀帝即位。夏贺良等人得到皇帝数次诏见，他们抓住机会不断鼓惑哀帝，说汉朝的历法已经衰落，应当重新接受天命。以前成帝没有听天帝使者的劝告顺应天命，所以绝后（汉成帝荒淫无度，没有后嗣）；现在陛下生病的时间已经很长，天下又多次发生各种灾异，这些都是上天的警告。皇上只有马上改元易号，才能延年益寿，生下皇子（哀帝也荒淫没有子嗣），平息灾异。如果明白了这个道理而不照着做，就会发生灾祸，出现大洪水和大火，灭绝百姓。哀帝当时身体有病，长期不得痊愈，又没有皇子，可谓内外交困。他听了夏贺良的话后竟然相信了末世谶言，而且依照夏贺良的建议推行所谓"更受命"的改革，措施包括发布诏书大赦天下，改建平二年为太初元年，改帝号为"陈圣刘太平皇帝"，把计时仪器漏刻上的刻度从一百度改为一百二十度等。明眼人都知道，这种表面把戏怎么可能消弭错综复杂的社会矛盾呢？果然，改革后，哀帝的病丝毫不见好转。夏贺良等人想要进一步干预朝政，但遭到朝中大臣反对。此时哀帝因为夏贺良的话一直没有应验，渐渐看清事情原委，一气之下将夏贺良等一干人统统治罪，之前的改革除了大赦天下以外全都恢复原样。

甘忠可及其信徒虽被清除，但是不断恶化的社会矛盾又生出更多甘忠可。汉哀帝更受命的闹剧结束后不久，受类似末世谣言鼓惑，大批百姓从全国各地聚集到京城，祭祀当时民间影响很大的神仙西王母。据《汉书·五行志》记载，汉哀帝建平四年（前3）正月，有百姓受惊逃走，手持一根麻秆或者禾秆，相互传诉转告，这叫"行诏筹"。路上相遇的人多至好几千，有的披着头发赤着脚，有的夜里折关，有的爬墙，有的乘车骑马，前赴后继，经历二十六个郡国才到达京师。这年夏天，大批人聚集在京师里巷阡陌，摆设博戏器具，唱歌跳舞祭祀西王母。他们还有传书，上面写着："西王母告诉百姓，佩带此书的人可以不死。如不相信我说的，看看门枢下面有白头发。"这种混乱的状况一直到秋天才停止。到这里我们可以看出，以末世预言为核心的宗教思想已经基本成熟，只待一点星星之火，便可呈燎原之势。

汉哀帝改革以失败告终，将汉朝主动变革的大门堵死，那么只剩下被动革命一条路，于是王莽顺势而起。王莽本为外戚，是汉成帝母亲的侄子，表面上是一个谦谦君子，骨子里却是一个野心家。他很善于制造舆论，工具主要是谶纬，由此一步步奔向权力的顶点，他在登极前的一个故事需要注意。据《汉书·王莽传》讲，一个叫哀章的人看到王莽已经代行皇帝大权，离做皇帝就差一步了，于是就私造了两道谶言，上面分别写着"天帝行玺金匮图"和"赤帝行玺某传予黄帝金策书"。所谓某，即汉高祖刘邦；黄帝指王莽，因为他宣称自己是黄帝的后裔。赤帝为何让刘邦传位给王莽呢？前面已经讲了，汉朝应火德，刘邦是赤帝子，火德下面该是土德。既然王莽想代汉自立，新的朝代自然是土德才顺应天命。所以哀章造作谶书的目的就是昭告天下，王莽做天子是天命所归。就这样，新朝葬送了西汉，改立新制，车马、服饰的颜色变成土德对应的黄色。

王莽篡权后，蜀郡太守公孙述想如法炮制。他自立为蜀王，后来又称帝，割据一方。他见王莽利用谶书造势（当时谶纬已经成风，各种五花八门的谶纬书纷纷问世），自己也妄解广泛流传的谶纬书，宣扬公孙氏才是真命天子。例如，他引《录运法》说："废昌帝，立公孙。"引《括地象》说："帝轩辕受命，公孙氏握。"

公孙不就是自己吗？引《援神契》说："西太守，乙卯金。"卯金即刘，这句谶语的意思是西方太守轧绝刘氏。根据这些东西，公孙述推演五德之运，王莽土德继承汉火德，之后应当为金德，他作为西方之主，不正好应金德吗！

王莽和公孙氏如此造势，搞得刘秀很被动，不过他也是利用谶纬的高手。据《后汉书·光武帝纪》记载，早在刘秀年轻时，就有人造作了"赤伏符"，上面写着："刘秀发兵捕不道，四夷云集龙斗野，四七之际火为主。"因为刘秀是汉宗室，自然应火德。为了争夺神学正统，刘秀后来不得不和公孙述进行了一场解释谶纬的战争。《后汉书·公孙述传》说，刘秀特意给公孙述写了一封信反驳其解释。刘秀说图谶上的公孙是宣帝，不是公孙述。而且谶书说了，"汉家九百二十岁，以蒙孙亡；受以丞相，其名当涂高"（意思是汉家要统治920年，然后传给涂高这个人），怎么可能会是你呢？奉劝你不要效仿王莽，多为自己和你的家人考虑考虑后事吧。

四、救世论与道教创立

两汉之际，社会秩序重新洗牌，将西汉积压的矛盾做了一次大释放，最后由刘秀收拾了残局，总算将汉代的火德延续下去，末世预言和天命之争暂时偃旗息鼓。但是到了东汉后期，随着社会矛盾再次积累成灾，西汉的历史几乎又重演了一遍，只不过，这次来得更猛烈。

据《后汉书·襄楷传》记载，东汉顺帝（125—144）时，琅邪人宫崇献给朝廷一部170卷的神书。举两个例子大家就知道170卷在汉代意味着什么，一是《史记》52万字130卷，二是《汉书》80万字100卷。这部大部头的神书据说是宫崇的师傅干吉（或作于吉）在曲阳泉水上得到的，写在白绢上，上面有红色的分界线，题签是青色，题目是红色，叫作《太平清领书》。关于此书的内容，《后汉书》只是笼统地说它以阴阳五行为宗，有很多巫觋杂语。书献上以后，经朝廷检查，认定它"妖妄不经"，予以收缴。到了桓帝（146—167）时，大臣襄楷再次向皇帝推荐这部书，称赞说以前宫崇所献的这本神书，专以奉天地顺五行为本，还有兴国广嗣之术，其文字通俗易懂，同时参引各种经典。因为顺帝不采用其法，所以国胤不兴，之后孝冲、孝质两位皇帝国祚都很短。

和《天官历包元太平经》的献书经过相比，《太平清领书》几乎完全一致，只不过它没有要求皇帝更受命，仅强调能够"兴国广嗣"。有人认为《太平清领书》由《天官历包元太平经》增衍而成，由于后者不传世，所以我们没办法证明这个推测是对还是错，不过二者的相似和区别之处都很明显。《太平清领书》也没有完整流传下来，仅剩57卷，收录在明代正统年间编撰的《道藏》中，名为《太平经》。另外，《道藏》还有唐人间丘方远节录的《太平经钞》10卷，以及敦煌遗书中有《太平经目录》一卷。近人王明根据这些资料撰成《太平经合校》一书，大体上恢复了《太平经》的原貌。《太平经》里面讲："太平道，其文约，其国富，天之命，身之宝。近在胸心，周流天下。此文行之，国可安，家可富。"又说："急教帝王，令行太平之道。道行，身得度世，功济六合含生之类矣。"这就是襄楷所说的"兴国之术"。所以和《天官历包元太平经》一样，《太平经》的根本主旨是要拯救东汉王朝，要度举世百姓，尽管它没有主张采取更受命的办法。

《太平经》插图

《太平经》一经出世，即对宗教活动提供了巨大的理论指导作用，当时几乎所有的道教势力都或多或少地参考此书，其中最重要的两支力量是太平道和五斗米道。据《三国志》注引《典略》称，熹平年间（172—178），妖贼大起，三辅有骆曜；光和年间（178—184），东方有张角，汉中有张修。张角为太平道，张修为五斗米道。太平道者，道士持九节杖为符祝，教病人叩头思过，然后给符水喝下。得病轻的没多久就痊愈，就说这个人信道；如果不能痊愈的，就说他不信道。张修的方法和张角大致相同，让病人在静室中思过。又令人为奸令祭酒，祭酒主持《老子》五千文,让道众都学习,号为奸令。又令人为鬼吏,主持为病者请祷。请祷之法,书病人姓名,说服罪之意,作三通,其一上之天,著山上,其一埋之地,其一沉之水,谓之三官手书。使病者家出米五斗以为常,故号曰五斗米师。

张角自称"大贤良师",利用符水治病等方式使很多老百姓信奉太平道。他派出弟子八人分别去四方,用做好事的方式教化天下人,十多年间信徒发展至数十万,遍布青、徐、幽、冀、荆、扬、兖、豫八州,包括很多官府人员。张角将这些道众分为三十六方(方相当于将军的称号),大方一万多人,小方六七千人,各方设立大帅。中平元年(184),张角决定在三月五日举行全国起义,口号是"苍天已死,黄天当立,岁在甲子,天下大吉"。显然,西汉后期关于火德、土德的天命之争再次上演。他派大方马元义率领数万人作为先行军,利用中常侍封谞、徐奉作为内应,想要里应外合。不料,起事前一月,济南唐周叛变,告发了起义之事,结果马氏被捕,车裂而死。汉灵帝紧急下令捕杀张角等太平道众。张角见起义计划已经暴露,不得不提前行动,通知各方同时起事,起义军头上戴黄巾为标识,时人称之为"黄巾",或者叫"蛾贼"。张角自称"天公将军",其弟张宝称"地公将军",弟张梁称"人公将军",一月之内天下响应,京师震动。

张角起义由于动摇了东汉统治根基,故而引起朝廷各股力量疯狂镇压,最后以失败告终,张角虽然病死,仍惨遭剖棺戮尸,传首京师。对道教而言，虽然张角一定程度上利用了《太平经》，但总体而言宗教并非其初衷，太平道也算不上道教组织。但是黄巾毕竟沾染道教，这对道教随后的发展产生了严重影响，道教遭到统治阶层密切监视，难怪东晋葛洪批评张角等人"进不以延年益寿为务，退不以消灾治病为业，遂以招集奸党，称合逆乱"。

和张角及太平道相比，张鲁及五斗米道的境遇完全不同。据《三国志·张鲁传》记载，张鲁本为沛国丰邑人，其祖父张陵早先客居四川，在鹄鸣山学道，编造道书迷惑百姓，跟他学道的人须交纳五斗米，所以当地人称他为"米贼"。张陵死后，他的儿子张衡继承父业。张衡死后，其子张鲁继之。时任益州刺史的刘焉任命张鲁为督义司马，让他和别部司马张修一起带兵攻打汉中，张鲁借机杀死张修，独占汉中。张陵（后称张道陵）、张衡（和东汉著名科学家张衡同名）和张鲁，道教史上合称为"三张"，其中张陵为"天师"，故五斗米道在魏晋后一般被称为"天师道"。张陵创立五斗米道被道教视为信史，不过学术界中存在争议，其实《三国志》的记载本身就存在矛盾，陈寿一面说张陵、张衡到张鲁的传承，另一面又说张鲁袭杀张修并夺其众（前引《典略》说汉中张修为五斗米道）。

张鲁占据汉中后，并没有像张角太平道那样举行代汉的大起义，而是醉心于事实割据，逐渐建立了一支中国历史上很罕见的政教合一政权，其特点主要有这几个方面。首先，政教合一，张鲁自称师君，初学道者称"鬼卒"，信道笃者升为"祭酒"。由祭酒统领部众，行使宗教管理、社会管理以及司法、军事等职权，人数多的祭酒称为治头大祭酒。其次，注重社会慈善，各祭酒都要在路边建置专门的房子，就像汉代的驿站，称为"义舍"，里面放上义米、义肉，用以救济流民。过路的人要根据饭量食用，如果贪婪过多，鬼神会让其得病。最后，将《道德经》视为圣经，利用道教进行教化，如教导人们要诚实讲信用，不要欺诈，注重自我反省，禁止杀伐、禁酒，等等。

汉政府对张鲁的割据并没有力量进行征讨，于是顺势而为，封张鲁为镇民中郎将，领汉宁太守，事实上默认了其统治。后来有人鼓动张鲁称王，但张鲁下属阎圃劝他不要强出头，说汉中富足，四面险固，上可以扶持天子，效法齐桓公、晋文公，下可以像窦融那样富贵一方。现在奉皇帝之命设置官员，凡事都可以自己做主，根本用不着称王。强出头不是招来灾祸吗？张鲁听从了这个建议，一直没有明确造反。直到建安二十年（215），曹操领兵征讨张鲁，张鲁投降，曹操任命他为镇南将军，封阆中侯，食邑一万户。其五个儿子及大臣等人都被封为列侯。由此，五斗米道得以继续发展，对六朝社会和民众思想产生了重要影响。

五、《老子想尔注》

老子在汉代被祭祀以及被绘于墓室中，表明当时老子已经具有被神化的倾向。其实早在汉桓帝祭祀老子之前，蜀郡成都人王阜作《老子圣母碑》，已明确将老子视为道本身，云："老子者，道也。乃生于无形之先，起于太初之前，行于太素之元，浮游六虚，出入幽冥，观混合之未别，窥浊清之末分。"不过，真正将老子作为神崇拜并将《道德经》作为圣经使用，是从五斗米道开始的。

《典略》称，五斗米道使用《老子》五千文教习道众，长期以来，世人不知这到底是怎么回事。直到20世纪初，英国斯坦因劫掠的敦煌文书中发现一本题名为《老子道经想尔》的写本，这个问题的真相才大白于天下。此书现在一般被称为《老子想尔注》，它就是当时用以教习道众的《老子》讲义，但《隋书·经籍志》和两部《唐书》都没有著录，《道藏》也未收录，说明其亡佚很早。敦煌《老子想尔注》中"世"字不避讳，一般认为系六朝写本。此书的作者一说是张陵，一说是张鲁，无论如何，它都是研究早期道教的珍贵资料。

敦煌写本《老子想尔注》（局部）

《老子》作为一部先秦子书怎样与道教建立关系，怎么能够作为宗教读本使用？相信很多人都会有此疑问。《老子》完全宗教化文本——《老子想尔注》的重新问世给出了答案。为了适应道教神学，《老子想尔注》对《老子》进行了文本篡改和文义曲解。文本篡改方面，主要是使用删、增、改字等方法修改《老子》原文，尤其是后者对文义改变较大。例如《老子想尔注》第七章有一句是"以其无尸，故能成其尸"，前一个"尸"指尸行，后一个"尸"指尸解。而这句话原本作"不以其无私与，故能成其私"（马王堆帛书本），或"非以其无私邪，故能成其私"（河上公本、王弼本）。再如第十六章"容能公，公能生，生能天。天能道，道能久，没身不殆"，这段中的"公能生，生能天"帛书本以下均作"公能王，王能天"，一字之差，其义全变。

文义曲解是指《老子想尔注》通过注释强解《老子》，将其改造成道教经书，这是《老子想尔注》最具特色的方面，遍及全书。最典型的例子是将老子等同于道，将道塑造成人格化的最高神。如《老子》第十章"载营魄抱一能无离"一句，《老子想尔注》这样解释："一者，道也。""一散形为气，聚形为太上老君，常治昆仑，或言虚无，或言自然，或言无名，皆同一耳。"道是人格化的最高神，而它又是宇宙万物的创作者，所以《老子》第一章"卅辐共一毂，当其无，有车之用"一句，《老子想尔注》竟然堂而皇之地改造奚仲作车传说，说："古未有车时，退然；道遣奚仲作之。"第十一章"凿户牖以为室，当其无，有室之用"，注释则改造黄帝造车的传说，云"道使黄帝为之"。第三十章"以道佐

第五章
道教的产生

人主者，不以兵强天下"，注云："兵者非吉器也，道之设形，以威不化，不可专心甘乐也。"同理，《老子想尔注》说道具有像人一样的各种感情就不难理解了。如第十三章"宠辱若惊，贵大患若身"注云："道不熹强求尊贵。""吾所以有大患，为我有身"注云："道至尊，常畏患，不敢求荣，思欲损身。"第三十一章"夫佳兵者不祥器"注云："兵者，非道所熹，有道者不处之。"

既然道是造物主，又可聚形为太上老君，拥有无上权威，那么对于世间充斥着邪伪乱象怎么解释？《老子》第三十五章"执大象，天下往"一句，《老子想尔注》有一段很长的释文，说道既尊贵又神明，不会受人左右，它只是暂时放任那些精怪邪说流行，将其作为教诲人们的反面教材，道则隐藏起来旁观。大乱到了一定程度终究会得到治理，那时道就会宣明于世。所以帝王大臣一定要从内心里勤加反省。

《老子想尔注》除了牵强附会地将道塑造成人格最高神外，同时大力强化长生思想和宗教戒律，全方位地将《老子》改造成道教圣经以教化道众。

《老子》提到长生术这一点，前面已经讲过，什么"专气致柔""守一"等。《老子想尔注》对当时社会上流行的一些神仙方技痛加批判，首当其冲的便是房中术。《老子》第九章"持而满之，不若其已，揣而悦之，不可长宝"，《老子想尔注》说：道教人结精成神，但是现在世间伪技妄称为道，假借黄帝、玄女、龚子、容成的言论教授人们，提倡和女子交合要不施，意图还精补脑。其实，这样做只能让人心神无法合一，丢掉要守护的东西。这就是老子所说的揣摩来揣摩去，结果丢掉了需要一直珍重的东西。其次是各种炼形方技。《老子》第十一章"有之以为利，无之以为用"，《老子想尔注》说，现在世间各种伪技附会曲解老子的话，并给出似乎巧妙的虚假解释，说道像天一样有轴心，人体内也有轴心，要人们团聚自己的体内之气，就像约束车轮的辏辐，将形体想象为固定车轴的辖辕，等等，这些都是错误荒谬的言论，不可采用，相信的人只会坠入迷途之中。最后是存想体内神。如《老子》第十四章"是无状之状，无物之象"，《老子想尔注》说道没有状貌形象，世上流行的伪技却想象出一个形体，甚至设计了服饰、形貌、高矮、名字等，这些都是错误的邪说。第十六章"致虚极，守静笃"，《老子想尔注》说世上邪说设计出道的形象，令其有居所，穿戴一定尺寸的服饰，然后让人们冥想，这样做只能令人身心疲困。

同时，《老子想尔注》极力推崇气。例如《老子》第三章"圣人治，虚其心，实其腹"，《老子想尔注》说"心就是镜子，能够照见吉凶善恶。腹是装道的口袋，通常需要充满气"。《老子》第二十章"我欲异于人，而贵食母"，《老子想尔注》说俗人吃粮食，粮食没有就死了，而仙人有粮吃粮，无粮则吃气，气归于胃而能够维持身体的存在。

重视戒律是五斗米道的重要特征，这在《老子想尔注》中有鲜明体现。据统计，"诫"字在全书中出现近50次，"道""诫"

连用的情况出现 19 次。《老子想尔注》认为，只有谨守道诫，人们才可能延年益寿，除灾获福。其道诫颇类似于道戒，即道的戒律之义。《老子》第十章"载营魄抱一能无离"一句，《老子想尔注》注释说，"一"宣行道诫，教导人们要遵守戒律，不得违背，这就是"守一"。若不遵守道诫，就会丢失一。这里将守一和守道诫关联在一起，足见道戒在五斗米道思想体系中的重要地位。所以《老子》第三十六章"鱼不可胜于渊"，《老子想尔注》如是说：道诫犹如渊谷，道犹如水，人犹如鱼。鱼离开渊谷之水就会死去，人不奉行道诫、不守道，失去了道也会死。

六、张道陵炼丹之谜

"天师"张道陵炼丹家的身份在道教史上流传相当久，直到 20 世纪后半叶，方有研究者对此提出质疑，认为作为炼丹家的张道陵很可能是一个虚构的形象，其背后隐藏着天师道传播过程中的一段重要历史。近些年，这一思路得到另外几位研究者的肯定，并将关于这一问题的讨论引向深入。

早在 1979 年，法国著名道教学者司马虚（Michel Strickmann）在讨论陶弘景的外丹时最先提出，天师道最初与炼丹术没有任何关系，正史没有记载，教义也不支持，张道陵的炼丹家形象其实是天师道传播到江南后与当地传统结合的产物。2006 年，意大利学者玄英（Fabrizio Pregadio）沿着这一思路进一步探讨了张道陵与《黄帝九鼎神丹经》结合在一起的三种可能原因。另一方面，针对最早记载张道陵炼丹的《神仙传·张道陵传》的真伪问题，欧洲汉学家施舟人（Kristofer Schipper）发现不同版本的《张道陵传》所描绘的张道陵形象有所不同，《太平广记》本明显有后人增补内容，并认为在江南地区的古代神话中，张道陵最初不是"张天师"，而只是一位炼丹仙人。刘屹随后对《神仙传·张道陵传》的几种不同版本进行了详细比较，发现其中确实可以看出不同材料汇聚整合的痕迹。后来又进一步认为，现存诸本《张道陵传》中，《太平广记》等本显然是将几种张道陵的形象综合在一起撰作出来的，这些形象包括：在巴蜀创教的张天师、作为炼丹大师的张道陵、接受上清仙真传授的张道陵和严格考验弟子的张天师等，其中从事炼丹活动与师承上清仙真两种形象必然是在与江南地区信仰融合后才加入张天师传说的。当然，也有学者持相反的意见。如美国学者康儒博（Robert Ford Campany）认为现存《张道陵传》应该就是葛洪《神仙传》原本，理由有三：其一，公元2世纪在巴蜀地区产生的五斗米道和天师道，随着其在3世纪向中原、4世纪向江南地区的传播，必然会影响到江南地区的信仰，从而影响葛洪；其二，葛洪的老师郑隐收藏道书颇丰，其中也多少会有一些关于天师道和张道陵的记载，如《鹤鸣记》和《天师神器经》等；其三，葛洪对张道陵的形象已经做了一些改造，除了创立教团、实施教法的形象外，还加入了炼丹术、传承灵宝五符、接受上清仙真传授等新事迹。

张道陵是否炼过丹,不仅是炼丹术早期历史研究的重要问题,还牵涉到五斗米道的教义思想和六朝天师道在江南的传播等重要问题,非常有必要澄清。由于之前的研究基本都是在讨论其他问题时旁及,我们在这里综合已有材料,从三个方面对张道陵炼丹事宜做进一步分析,为免于烦琐,凡前人已有论证的一律从略。

关于五斗米道的教义思想,最早最丰富的材料无疑是敦煌遗书中的半部《老子想尔注》,它也是了解张道陵本人思想的重要证据。长生的思想和方法是《老子想尔注》讨论的主要内容之一。通观《老子想尔注》残卷可以发现,书中反对当时流行的一些纯粹的神仙方术,如上面提到的房中术、炼形术、存想体内神等,而强调将修道与修仙结合起来,尤其重视修道的作用,提出一套典型的教团式成仙理论,即"奉道诫,积善成功,积精成神,神成仙寿,以此为身宝矣"。可以说,奉道诫、积善、积精,这三者在五斗米道的教义思想中相辅相成,缺一不可。

关于"道诫"的含义这里不再赘述。"积精"也与"道诫"有关,其含义应当结合书中对房中术的批判来理解,正如学者刘昭瑞所言:"《老子想尔注》屡有守精、宝精、结精之说,孤立地看,似与黄、容的握固之术相同,但若仔细考察,《老子想尔注》的这类借'道'之口的说教,都是针对一定的对象,也就是欲达'上德'之境的人,而对一般人,包括'人主','结精'等也并不是绝对的'不施',而应是'不妄施',这与黄容之术追求的绝对不施是不同的。"这里需要着重解释的是积善与成仙的关系,这个问

题在《老子想尔注》中有多处阐述,现摘录如下:

是以人当积善功,其精神与天通,设欲侵害者,天即救之。庸庸之人皆是荔苟之徒耳,精神不能通天。所以者,譬如盗贼怀恶不敢见部史也,精气自然与天不亲,生死之际,天不知也。(第五章"圣人不仁以百姓为荔苟"注)

太阴道积,练形之官也。世有不可处,贤者避去,讬死过太阴中;而复一边生像,没而不殆也。俗人不能积善行,死便真死,属地官去也。(第十六章"没身不殆"注)

道设生以赏善,设死以威恶。(第二十章"人之所畏不可不畏莽其未央"注)

自然相感也。行善,道随之;行恶,害随之也。(第二十九章"夫物或行或随"注)

道人行备,道神归之,避世讬死过太阴中,复生去为不亡,故寿也。俗人无善功,死者属地官,便为亡矣。(第三十三章"死而不亡者寿"注)

通过上述内容可以看出,《老子想尔注》将行善作为成仙的重要前提,换句话说,成仙不是一蹴而就的,需要长期积累善功,功不成，仙不致。关于这一问题，我们需要把握三点。

首先，其行善思想与《太平经》有重要区别。《太平经》亦重视行善，《老子想尔注》的思想是否与其有关不得而知，但是《太平经》的行善思想与其另外一项非常独特的重要内容密切相关，此即"承负说"。由于传统的善恶报应观念在乱世社会中经常使人感到困惑不解，行善不得善、行恶不得恶，甚至行善得恶、行恶得善的现象时而发生，"凡人之行，或有力行善，反常得恶，或有力行恶，反得善，因自言为贤者非也"。于是《太平经》提出了"承负"一说，其基本含义如《解师策书诀》所言："承者为前，负者为后；承者，乃谓先人本承天心而行，小小失之，不自知，用日积久，相聚为多，今后生人反无辜蒙其过谪，连传被其灾，故前为承，后为负也。负者，流灾亦不由一人之治，比连不平，前后更相负，故名之为负。负者，乃先人负于后生者也；病更相承负也，言灾害未当能善绝也。"《老子想尔注》第三十章"其事好还"句注云："以兵定事，伤煞不应度，其殃祸反还人身及子孙。"饶宗颐先生认为，此报应之理，亦《太平经》"承负"之说。不过这句话的承负思想比较模糊，或者说比较勉强，《老子想尔注》残卷中并没有任何地方直接提及"承负"，这使我们有理由相信，《老子想尔注》并未采纳《太平经》的承负思想，它力倡行善，不主张行善会得到恶报，否则其行善成仙的观念何以收束人心？

其次，行善和奉道诫密切相关。本质上说，行善和积精都是奉道诫的一部分，重视戒律是教团式道教的重要特点，也是区别于流散方士的一个重要方面。葛洪在《抱朴子内篇·微旨》中对行善、道诫以及成仙的关系有更详细的说明，他说："览诸道戒，无不云欲求长生者，必欲积善立功，慈心于物，恕己及人，仁逮昆虫，乐人之吉，愍人之苦，赒人之急，救人之穷，手不伤生，口不劝祸，见人之得如己之得，见人之失如己之失，不自贵，不自誉，不嫉妒胜己，不佞谄阴贼，如此乃为有德，受福于天，所作必成，求仙可冀也。"

最后，行善与批判其他神仙方术相辅相成。《老子想尔注》一面强调行善，一面激烈批判那些与积善相悖的成仙思想，因为后者能够动摇或者瓦解前者的信念。其一如仙有骨录说，《老子》第十九章"绝圣弃知民利百倍"，《老子想尔注》云："今人无状……先为身，不劝民真道可得仙寿，修善自勤。反言仙自有骨录，非行所臻，云无生道，道书欺人。此乃罪盈三千，为大恶人，至令后学者不复信道。"其二如祭餟祷祠，《老子》第二十四章"曰馀食餟行，物有恶之"，《老子想尔注》云："天之正法，不在祭餟祷祠也。道故禁祭餟祷祠，与之重罚。祭餟与耶通同，故有馀食器物，道人终不欲食用之也。"又，《老子》"故有道不处"，《老子想尔注》云："有道者不处祭餟祷祠之间也。"

在所有的神仙方术中，炼丹术虽说是技术成仙模式的典型代表，但其早期形态与《老子想尔注》在个别思想方面有共通之处，最典型的是炼丹术也非常反对祭祀。如葛洪引述东汉丹经《太清丹经》说:"长生之道,不在祭祀事鬼神也,不在道引与屈伸也,升仙之要,在神丹也。"他自己也强调说:"夫福非足恭所请也,祸非禋祀所禳也。若命可以重祷延,疾可以丰祀除,则富姓可以必长生,而贵人可以无疾病也。""夫长生制在大药耳,非祠醮之所得也。昔秦汉二代,大兴祈祷,所祭太乙五神,陈宝八神之属,动用牛羊谷帛,钱费亿万,了无所益。况于匹夫,德之不备,体之不养,而欲以三牲酒肴,祝愿鬼神,以索延年,惑亦甚矣。"不过必须注意,尽管《老子想尔注》和炼丹术反对祭祀的态度几无二致,但原因则完全不同。对五斗米道而言,反对祭祀在于顺利推行它自己的教义,对炼丹家而言,则在于突出神丹的作用。与重视积善守诫的教团不同,炼丹家采取的是技术成仙方式,早期尤其如此,他们用各种药物来炼制神丹,一旦炼成,无论上士、中士还是愚人,只要适量服食便可升仙,甚至连牲畜亦可,这一点在早期丹经里有相当多的明确记载,用《九转流珠神仙九丹经》中的话说就是"道人度世无种,事在人耳,奴婢鸡狗皆可得仙,凡人服药亦皆然"。在这样的成仙理论中,劝善思想无足轻重,甚至其他技术型的神仙方术也被视为低等方法。如葛洪引《黄帝九鼎神丹经》曰:"虽呼吸道引,及服草木之药,可得延年,不免于死也;服神丹令人寿无穷已,与天地相毕,乘云驾龙,上下太清。"在这样的成仙理论中,只有金丹才是真正的不死方术、仙道之极。如葛洪云:"余考览养性之书,鸠集久视之方,曾所披涉篇卷,以千计矣,莫不皆以还丹金液为大要者焉。然则此二事,盖仙道之极也。服此而不仙，则古来无仙矣。"

当然，也有试图"规范"炼丹术的现象出现，主张服药亦须以积善为前提。如葛洪引《玉钤经中篇》云："积善事未满，虽服仙药，亦无益也。若不服仙药，并行好事，虽未便得仙，亦可无卒死之祸矣。吾更疑彭祖之辈，善功未足，故不能升天耳。"但这种"规范"恰恰反映出服药方术本身最初并无积善之说。具体到炼丹术，不仅服丹者如此，受丹经口诀者亦如此，其资格依据是看是否志诚，而非行善或富贵与否，即葛洪所谓"夫求长生，修至道，诀在于志，不在于富贵也。苟非其人，则高位厚货，乃所以为重累耳"。

上述分析表明，重视道诫、主张积善的五斗米道和崇尚技术的炼丹术在成仙思想上是矛盾的，对五斗米道而言，与它极力反对的祭祀、仙有骨录说相比，炼丹术对其教义信念更具威胁。因此，东汉五斗米道教义中并没有适宜炼丹术生存的土壤。此外还有一个问题需要考虑到，即道教的建立和成熟是一个逐渐发展的过程，《太平经》和半部《老子想尔注》都不言金丹黄白，太平道和五斗米道中也没有炼丹活动，这其中除了教义原因以外，很可能太平道和五斗米道在当时原本就未与炼丹术合流，从事炼丹的都是流散方士，且行为比较隐秘，自晋代葛洪公开倡导金丹黄白以后，这种方术与大型道团的关系才逐渐趋于密切。

关于张道陵事迹的记载，最早见于陈寿（233—297）的《三国志》，其书卷八《魏书·张鲁传》云：

> 张鲁字公祺，沛国丰人也。祖父陵，客蜀，学道鹄鸣山中，造作道书以惑百姓，从受道者出五斗米，故世号米贼。陵死，子衡行其道。衡死，鲁复行之。

陈寿生活于蜀汉至西晋，与张道陵的时代相去不远，一般认为其记述最为可信。稍后的东晋常璩（约291—361）的《华阳国志》所记内容与《三国志》大同小异，云：

> 汉末，沛国张陵，学道于蜀鹤鸣山，造作道书，自称太清玄元，以惑百姓。陵死，子衡传其业。衡死，子鲁传其业。

而刘宋范晔（398—445）所撰《后汉书》卷七十五《张鲁传》所记亦基本相同：

> 鲁字公旗。初，祖父陵，顺帝时客于蜀，学道鹤鸣山中，造作符书，以惑百姓。受其道者辄出米五斗，故谓之"米贼"。陵传子衡，衡传于鲁，鲁遂自号"师君"。

上述三书所记张道陵的事迹皆不言他曾事炼丹，而且它们对五斗米道活动的记载（本文未引述）与《老子想尔注》的思想也完全符合，以上两点可以说毫无疑义。然而，问题出在《神仙传》

上。据称,出自葛洪的《神仙传·张道陵传》记载,张道陵是一个地道的炼丹家。由于葛洪(约283—363)所处时代与常璩大致相同,又深谙丹道及其历史,故很容易令人产生疑惑:《三国志》等早期史籍所记张道陵的形象是否完整?要探究这一谜题,首先需要解决一个关键问题,即《神仙传·张道陵传》究竟是否葛洪本人撰写。由于《神仙传》至迟在隋唐时便已不存,目前所存辑本及他书引述内容所载《张道陵传》主要有三,它们所描绘的张道陵形象在整体上有很多不同,以下仅将有关炼丹的主要内容摘录如下。

1.《四库全书》本《神仙传》卷五:

> 天师张道陵,字辅汉,沛国丰县人也。本太学书生,博采五经,晚乃叹曰:"此无益于年命。"遂学长生之道,得《黄帝九鼎丹经》,修炼于繁阳山。丹成服之,能坐在立亡,渐渐复少……初,天师值中国纷乱,在位者多危,退耕于余杭……陵年五十方退身修道,十年之间已成道矣。闻蜀民朴素可教化,且多名山,乃将弟子入蜀于鹤鸣山隐居。既遇老君,遂于隐居之所,备药物,依法修炼,三年丹成,未敢服饵,谓弟子曰:"神丹已成,若服之,当冲天为真人,然未有大功于世,须为国家除害兴利以济民庶,然后服丹即轻举,臣事三境,庶无愧焉。"

2.《太平广记》卷八引《神仙传》：

> 张道陵者，沛国人也。本太学书生，博通五经，晚乃叹曰："此无益于年命。"遂学长生之道，得黄帝九鼎丹法，欲合之，用药皆糜费钱帛。陵家素贫，欲治生，营田牧畜，非己所长，乃不就。闻蜀人多纯厚，易可教化，且多名山，乃与弟子入蜀，住鹄鸣山……陵乃多得财物，以市其药，合丹。丹成，服半剂，不愿即升天也……其有九鼎大要，唯付王长。而后合有一人从东方来，当得之。此人必以正月七日日中到，其说长短形状。至时果有赵升者，不从东方来，生平未相见，其形貌一如陵所说。陵乃七度试升，皆过，乃受升丹经。……

3.《云笈七签》卷一〇九引《神仙传》：

> 张道陵字辅汉，沛国丰人也。本大儒生，博综五经。晚乃计此无益于年命，遂学长生之道。弟子千余人。其九鼎大要，惟付王长。后得赵升，七试皆过……乃止谷中，授二人道要。

今本《神仙传》有后人掺入内容，关于这一问题前人已有很多讨论，兹不赘述。具体到《张道陵传》，如本文开头所述，多数意见主张它晚出，并非出于葛洪原本《神仙传》。然而，即便确实如此，也无法得出张道陵炼丹一事是否属实，我们还需要进一步分析。事实上，以上诸本《张道陵传》无论在整体上有多大差异，但在炼丹一事上记载比较一致，都说张道陵得到黄帝九鼎丹法，这是问题的关键。我们知道，《抱朴子内篇》不曾言及张道陵，这是众人怀疑现存《张道陵传》非葛洪所撰的重要依据之一。但是，关于黄帝九鼎丹法，《抱朴子内篇》中有明确记载。据葛洪所言，汉末时，左慈在天柱山中精思，得神人授《黄帝九鼎神丹经》，后携其至江东授予葛玄，玄又授郑隐，隐授葛洪，（江东）其他道士了无知者：

> 昔左元放于天柱山中精思，而神人授之金丹仙经，会汉末乱，不遑合作，而避地来渡江东，志欲投名山以修斯道。余从祖仙公，又从元放受之。凡受《太清丹经》三卷及《九鼎丹经》一卷《金液丹经》一卷。余师郑君者，则余从祖仙公之弟子也，又于从祖受之，而家贫无用买药。余亲事之，洒扫积久，乃于马迹山中立坛盟受之，并诸口诀诀之不书者。江东先无此书，书出于左元放，元放以授余从祖，从祖以授郑君，郑君以授余，故他道士了无知者也。

上述诸本皆言张道陵晚年学道，而库本更说此事发生在他退耕余杭之后，实际上这与《抱朴子内篇》的记载相悖，因为葛洪说《黄帝九鼎神丹经》直至汉末才由左慈携至江东，而且除了他们师徒外，其他道士一无所知，此其一。其二，库本言张道陵炼成神丹后能"臣事三境"，然而关于九鼎丹的功能，《抱朴子内篇》有引述，为"上下太清"，无三境之说。其实早期丹经皆言太清，三境乃晚出之说，二者同样矛盾。仅据以上两点便可断定，库本也即现存最早的《张道陵传》并非葛洪所撰，当为晚出内容。诸本《神仙传》中，库本来源较古，大约是宋本的一个残本，但也不是最初的本子。此外，《神仙传·张道陵传》与前引《三国志》等关于张道陵的记载有一个很大的矛盾以前无人注意，即后者都说张道陵学道于蜀山，而前者库本言其道成后赴蜀，《太平广记》本则云赴蜀前已学道并得九鼎丹法，这也是《张道陵传》不可视为信史的证据之一。因此，结合葛洪和常璩的记载，我们基本可以断定，至少在东晋葛洪时，张道陵的形象尚未与炼丹术建立起联系。

　　张道陵炼丹之名传之既久，丹经多有托其名下者，《正统道藏》所存文本主要有三种，不难发现，它们均为后人托天师之名所作。其一为《太清金液神丹经》卷上序文，题"正一天师张道陵序"。文中提到弟子赵升、王长，又有重玄思想，仅据后者可知其时代晚出显而易见。其二为《太清经天师口诀》。此书本不题撰人，但既言"天师口诀"，显然托名于张道陵。唐初《黄帝九鼎神丹经诀》卷三引述该诀，径称"太清诸丹等张天师诀文"，可谓明证。《神仙传·张道陵传》言张道陵炼丹,也只说他得到的是黄帝九鼎丹法,但该书却属《太清经》,其出世时间可能更晚一些。关于《太清丹经》的情况,《抱朴子内篇》中有明确记载,除葛洪得到左慈所传的三卷外,还提到阴长生也通晓此法:"近代汉末新野阴君,合此太清丹得仙。"另外《神仙传》又记载,《太清丹经》最早于东汉后期由齐国临淄方士马鸣生受自某道士,马鸣生授新野阴长生。此记载与《抱朴子内篇》相互印证,当为葛洪所撰。其三为《太上八景四蕊紫浆五珠绛生神丹方经》,一名《三华飞纲丹经》,题"张道陵撰并注",收入《上清太上帝君九真中经》卷下。是书或以为西汉末东汉初出世,或以为当出于晋。该书不论其中是否包含古法渊源,但整体系上清法,其出世必晚,云"张道陵撰并注"系托名无疑。

此外,饶宗颐先生曾对张道陵的著作进行过考释,其中存疑目中有《刚子丹诀》一卷,未做解释。按,此书见于《崇文总目》,此前不见著录。"刚子"疑即"狐刚子",他是汉末晋之际的一位炼丹家,而且其著作在宋以前从未托名于张道陵。

第六章

葛洪与道教

葛洪（283—363），字稚川，自号抱朴子，三国著名方士葛玄侄孙，左慈三传弟子，主要活动于东晋时期，曾受封关内侯，后隐居罗浮山炼丹，是道教史上的重要人物。葛洪最重要的贡献是从理论上对道教进行理性化清整，一方面对汉代的原始道教进行批判，另一方面对以往的神仙方术进行理论总结，开启道教理性化、正统化发展的先声。此外，葛洪在医学领域也有很高造诣，撰有多部医学著作，而且重视道教与医学的关系，是道教医学早期重要代表人物。

一、神仙存在论

尽管秦汉魏晋时期神仙思想很流行，但社会上对神仙是否存在的疑问仍然相当普遍，在这种情况下，论证神仙存在便成为神仙家们的首要任务。葛洪在前人基础上，对这一问题进行了总结论证。不过在介绍其论证过程之前我们有必要回顾一段公案。先秦时期由于受知识水平所限，人们对是否存在鬼神这类问题无法形成一致认识，诸子百家曾展开一场大讨论，儒、墨、法等诸家均提出了各自主张，通过他们的论证过程，我们可以窥见各家的认识论方式。

儒家思想中孔子的学说看起来更像是一套道德伦理，正像李约瑟所言："他们固然没有把个人与社会人分开，也没有把社会人与整个自然界分开，可是他们向来主张，研究人类的唯一适当对象就是人本身。"儒家思想具有非常务实的态度，这种倾向在孔子身上体现得相当鲜明，季路向孔子询问鬼神之事，孔子这样回答季路："未能事人，焉能事鬼。"季路又问死是怎么回事，孔子又说："未知生，焉知死。"（《论语·先进》）孔子的鬼神观在《论语》其他地方也有体现，如"子以四教：文、行、忠、信""子不语怪、力、乱、神"（《论语·述而》）。显然，孔子对鬼神问题采取了消极的回避态度，既然不能证明鬼神确实存在，那不如对经验之外的怪、力、乱、神等统统避而远之。春秋晚期郑国的子产也是这样一个人，据说当时大火（星名，二十八宿之一）出现在天空，后来宋、卫、陈、郑都发生火灾，于是裨灶建议子产拿出郑国的宝物来祭神，子产用如下的话拒绝了裨灶："天道远，人道迩，非所及也，何以知之？灶焉知天道？"（《左传》昭公十八年）子产认为人不能够认识天道，自然就更不能相信裨灶这类人的话了。大概这就是庄子所说的"六合之外，圣人存而不论"。其他如

《荀子》《韩非子》《淮南子》等均直接否认鬼神的存在。墨子则极力主张明鬼,但可惜他的论证方式实在不高明,无论是证之以众人耳目还是证之以先王之书,都很难令人信服。墨子认为,儒家不是不承认鬼神的存在吗?如果我墨子通过众人耳目或圣人之书发现鬼神的踪影,不就直接证明鬼神是存在的吗?很明显,墨子对鬼神的论证是在儒家证实的思维逻辑下进行的。从认识论角度而言,对此类问题采取证实方式是非常不明智的,因为根本难以找到有力的证据,很容易被驳倒。

神仙是否存在与鬼神是否存在是同一类命题,论证其存在是摆在神仙家面前的一个非常棘手的问题。可以发现,否定神仙存在的观点与先秦时期否定鬼神的论证思路是一致的,因为神仙谁都没见过,所以它并不存在。此类论证如王充《论衡·道虚》曰:"道家或以服食药物,轻身益气,延年度世。此又虚也。夫服食药物,轻身益气,颇有其验。若夫延年度世,世无其效。"向秀《向子期难养生论》云:"导养得理,以尽性命,上获千余岁,下可数百年,未尽善也。若信可然,当有得者,此人何在?目未之见,此殆影响之论,可言而不可得。"很明显,否认神仙存在者采取的仍然是常见的证实逻辑,即要证明某一事物存在则必须找到其存在的证据,否则便不能言其存在。然而葛洪在认识论上并未如墨子一般简单,他反其道而行之,首先对怀疑者的认识逻辑进行批判,《抱朴子内篇·论仙》说:

虽有至明，而有形者不可毕见焉。虽禀极聪，而有声者不可尽闻焉。虽有大章竖亥之足，而所常履者，未若所不履之多。虽有禹益齐谐之智，而所尝识者未若所不识之众也。

……

夫存亡终始，诚是大体。其异同参差，或然或否，变化万品，奇怪无方，物是事非，本钧末乖，未可一也。夫言始者必有终者多矣，混而齐之，非通理矣。谓夏必长，而荠麦枯焉。谓冬必凋，而竹柏茂焉。谓始必终，而天地无穷焉。谓生必死，而龟鹤长存焉。盛阳宜暑，而夏天未必无凉日也。极阴宜寒，而严冬未必无暂温也。百川东注，而有北流之活活。坤道至静，而或震动而崩弛。水性纯冷，而有温谷之汤泉；火体宜炽，而有萧丘之寒焰；重类应沈，而南海有浮石之山；轻物当浮，而牂柯有沈羽之流。万殊之类，不可以一概断之。

……

所谓以指测海，指极而云水尽者也。蜉蝣校巨鳌，日及料大椿，岂所能及哉？魏文帝穷览洽闻，自呼于物无所不经，谓天下无切玉之刀，火浣之布，及著典论，尝据言此事。其闲未期，二物毕至。帝乃叹息，遽毁斯论。事无固必，殆为此也。

葛洪的高明之处在于他没有在反对者的证实逻辑下来回答神仙是否存在，而主张用一种谨慎的怀疑态度来对待人类尚无法认识的事物，从而在他正式回答问题之前，便对反对者的立论根据进行了釜底抽薪式的否定。抛开神仙不说，这是一种非常可贵的科学态度，对此，学者曾这样评价道："葛洪关于认识论的论述，可贵之处在于强调人的感官经验或认知水平不可能遍知万事万物，即使具有最为杰出的认知能力，但对广阔无垠的未知世界而言，依然已知者'未若所不识之众'，葛洪特别强调不要囿于感官认识而轻易对某些问题下结论，不要自恃个体感性经验而排斥异己认识新鲜事物，要人们去除自以为是的盲目自大心理，这些看法仍然具有普遍意义。综观科学史，几乎每一项发明创造，莫不是将世俗认为的不可能变为可能。只有冲破世俗认识的局限性，才有科学技术的进步，这也正是葛洪科学认识论的意义所在。"[1]

葛洪的认识论具有明显的道家传统。老子《道德经》即展现了丰富的辩证思维，如"曲则全，枉则直；洼则盈，敝则新；少则多，多则惑"（第二十二章）、"祸兮，福之所倚；福兮，祸之所伏。孰知其极？其无正也？正复为奇，善复为妖。"（第五十八章）庄子进而对人的知识的有限性有了深刻理解，他说："吾生也有涯，而知也无涯。以有涯随无涯，殆已；已而为知者，殆而已矣。"庄子认为由于生命的有限性，人不可能达到认识的终点。《逍遥游》深化了这种思想，他说："小知不及大知，小年不及大

---

[1] 姜生、汤伟侠主编：《中国道教科学技术史·汉魏两晋卷》，科学出版社2002年版。

年。奚以知其然也？朝菌不知晦朔，蟪蛄不知春秋，此小年也。楚之南有冥灵者，以五百岁为春，五百岁为秋；上古有大椿者，以八千岁为春，八千岁为秋，此大年也。而彭祖乃今以久特闻，众人匹之，不亦悲乎！"这段话生动地说明了人类的认识是有限的，所以很多事物是当下无法确证的。

如果说先秦道家认识论的思辨色彩过于浓厚的话，葛洪则从诸多实证的角度发展了这种道家式认识论，可以说葛洪对神仙存在的推断在一定程度上是从知识中归纳出来的理性认识，他说：

> 外国作水精椀，实是合五种灰以作之。今交广多有得其法而铸作之者。今以此语俗人，俗人殊不肯信。乃云水精本自然之物，玉石之类。况于世间，幸有自然之金，俗人当何信其有可作之理哉？愚人乃不信黄丹及胡粉，是化铅所作。又不信骡及駏驉是驴马所生。云物各自有种，况乎难知之事哉？夫所见少，则所怪多，世之常也。（《论仙》）

> 凡草木烧之即烬，而丹砂烧之成水银，积变又还成丹砂……世人少所识，多所怪，或不知水银出于丹砂，告之终不肯信，云丹砂本赤物，从何得成此白物。又云丹砂是石耳，今烧诸石皆成灰，而丹砂何独得尔。此近易之事，犹不可喻，其闻仙道，大而笑之，不亦宜乎？（《金丹》）

可以发现，葛洪论证神仙存在时，用很多科学事实说明事物之间的变化观，使其结论具有相当大的合理性与说服力，即使今天看来也无法否认这一点。总体来说，在神仙存在这一问题上，葛洪的论证逻辑比较科学，因而说服力较强。葛洪建立在相当理性的认识基础上的神仙观念，为容纳炼丹术及其他各种神仙方术的存在与发展提供了广阔空间，对中国古代的科技做出了重要贡献，这一方面是儒家认识论难以企及的。

二、神仙可致论

中国古代有关求仙活动的记载始见于战国文献，最初主要是寻找仙药。如《战国策·楚策》云"有献不死之药于荆王者"，《韩非子·外储说左上》云"客有教燕王为不死之道者"。秦始皇曾派遣大量方士出海求神仙及仙药。汉代时，神仙思想出现泛化趋向，一些原本偏重养生的方术成为神仙方术，这种现象的详细情况前面的章节已有讨论。在考察早期神仙方术的时候，有一个现象应特别予以注意，即成仙方式的物质化与技术化。尽管早期的神仙也有个别因功业、德行等内在原因而致仙者，但当时主要的修仙方术如服食、行气、导引、房中等均为物质型和技术型的外在方式，正如李申所言："求药之初，人们也不曾求助于自然界诸神。《韩非子》《战国策》所述荆王、燕王求药、求长生的事迹，也无鬼神的参与。"所以说，外在化的知识与技术是早期神仙活动最重要的特征之一。

在各种神仙方术中，服药不仅出现得最早，而且一直是最关键的修仙方技。无论是最初的不死药，还是后来的各种金石矿物草木等服食药物，均为"假求外物以自坚固"观念不断强化的结果。神仙服食之所以能够在秦汉时期成为一种普遍观念，应该说与当时医药学的进步具有重要关联。

近代以来，科学的每一次进步几乎都意味着给人类打了一支强心剂，特别是牛顿经典力学大厦的建成曾使人类陶醉了很长一段时间。18世纪时，大部分科学家都认为宇宙的奥妙几乎已经被识破，真理只需要在细节上精雕细琢即可，正如W.C.丹皮尔《科学史》所言，"18世纪法国百科全书派以为他们离用物理的和机械的原理去给世界以最后解释的日子已经不远了；拉普拉斯甚至以为心灵可以预测自然界的世世代代的进展，只要有了质量和他们的速度就行了"。一些机械主义思想家甚至将人也看成一架机器，伏尔泰在《愚昧的哲学家》一书中说："如果全部自然界，一切行星，都要服从永恒的定律，而有一个小动物，五尺来高，却可以不把这些定律放在眼中，完全任性地为所欲为，那就太奇怪了。"于是当时出现了许许多多奇怪的人体力学分析图，将人的骨骼、肌肉等用力学的方法来研究。19世纪时，科学虽然有了进一步发展，但认为科学已经渐趋完善的乐观思想仍然十分流行。1894年，美国著名物理学家迈克尔逊在芝加哥大学赖尔逊实验室的献辞中说:"虽然任何时候也不能担保,物理学的未来不会隐藏比过去更使人惊讶的奇迹,但是似乎十分可能,绝大多数重要的基本原理已经牢固地确立起来了;下一步的发展看来主要在于把这些原理认真地应用到我们所注意的种种现象中去。正是在这里,测量科学显示了它的重要性——定量的结果比定性的工作更为重要。一位杰出的物理学家(指威廉·汤姆逊)指出:未来的物理学真理将不得不在小数点后第六位去寻找。"

回观中国古代"假求外物以自坚固"观念的形成过程,医药学的进步起到了重要推动作用,早期炼丹家有关论述中此类观念比比皆是,如:

> 夫五谷犹能活人,人得之则生,绝之则死,又况于上品之神药,其益人岂不万倍于五谷耶?夫金丹之为物,烧之愈久,变化愈妙。黄金入火,百炼不消,埋之,毕天不朽。服此二物,炼人身体,故能令人不老不死。

> 今医家通明肾气之丸,内补五络之散,骨填苟杞之煎,黄蓍建中之汤,将服之者,皆致肥丁。漆叶青蘘,凡弊之草,樊阿服之,得寿二百岁,而耳目聪明,犹能持针以治病,此近代之实事,良史所记注者也。

> 又云,有吴普者,从华佗受五禽之戏,以代导引,犹得百余岁。此皆药术之至浅,尚能如此,况于用其妙者耶?(《抱朴子内篇》)

>　　巨胜尚延年，还丹可入口。金性不败朽，故为万物宝。术士服食之，寿命得长久。（《周易参同契》）

作为中医药学重要内容的本草学，在汉代出现时由于受到神仙服食的强烈影响，其药物思想与传统的经方有明显不同。经方只是用来治病，而本草学除了治病，还非常重视研究用药物延长人的寿命问题。如《神农本草经》将药物分为三等，上药主养命以应天。无毒，多服久服不伤人，欲轻身、益气、不老、延年者本上经。中药养性，下药治病。这种思想固然受神仙服食的影响，但它反过来又进一步成为神仙服食活动的知识依据。秦汉以来，人们的长生期望不仅仅源于医学，人们对某些动植物的观察亦助长了这种期望值。葛洪说："知龟鹤之遐寿，故效其道引以增年。且夫松柏枝叶，与众木则别。龟鹤体貌，与众虫则殊。"（《抱朴子内篇》）类似观念在司马迁身上亦可看到，《史记·龟策列传》云："江傍家人常畜龟饮食之，以为能导引致气，有益于助衰养老，岂不信哉！"

从生人世界到死人墓葬，从医学到文学，从画像石到铜镜铭文，这一切迹象都表明，对生命长久的追求与向往是汉代人的普遍思想，而医药学与养生方技的发展则使人们看到了希望所在，因此当神仙家们满怀信心、斩钉截铁地宣布"我命在我不在天"的时候，其社会影响力便格外深刻而广泛，甚至一些彻底否定神仙存在的人也相信长生思想，王充是最有代表性的一个。王充在

《论衡·道虚》中对各种神仙现象一一加以批驳，指出神仙之事皆出于虚妄。但他对长生思想却十分相信，认为"世无得道之效，而有有寿之人"。晚年时，他积极习练各种养生术，希望能够延长寿命。《论衡·自纪》云："年渐七十……乃作《养性》之书凡十六篇。养气自守，适食则酒，闭明塞聪，爱精自保，适辅服药引导，庶冀性命可延，斯须不老。"《后汉书·王充王符仲长统列传》亦云："（充）年渐七十，志力衰耗，乃造《养性书》十六篇，裁节嗜欲，颐神自守。"实际上，王充习练的养气自守、爱精自保、服药引导等养生术不就属于世俗中所谓的神仙方术的范畴吗？

三、《抱朴子内篇》

在葛洪以前，炼丹术虽然早已出现，但其社会影响很小，甚至在神仙活动内部也未对其他仙术造成很大冲击。形成这种局面主要有两个原因。

首先，长期以来，炼丹术只在少数炼丹家中秘密流传。早期炼丹术的传承有严密程序，不仅传授对象的选择非常谨慎，传授过程也相当烦琐隆重，如有泄露天机，永遭天谴。这种情况造成的后果就是通晓炼丹术的道士非常少，《黄帝九鼎神丹经诀》引葛洪之言云："一代之中，不过二三人得之。"又引张天师诀文云："限百年内得传一人，歃血为盟。"葛洪的一段经历为当时的情况提供了一个非常生动的旁证，《抱朴子内篇·金丹》云：

往者上国丧乱，莫不奔播四出。余周旋徐豫荆襄江广数州之间，阅见流移俗道士数百人矣。或有素闻其名，乃在云日之表者。然率相似如一，其所知见，深浅有无，不足以相倾也。虽各有数十卷书，亦未能悉解之也，为写蓄之耳。时有知行气及断谷服诸草木药法，所有方书，略为同文，无一人不有道机经，唯以此为至秘，乃云是尹喜所撰。余告之曰，此是魏世军督王图所撰耳，非古人也。图了不知大药，正欲以行气入室求仙，作此道机，谓道毕于此，此复是误人之甚者也。余问诸道士以神丹金液之事，及三皇内文召天神地祇之法，了无一人知之者，其夸诞自誉及欺人，云己久寿。及言曾与仙人共游者将太半矣，足以与尽微者甚鲜矣。或有颇闻金丹，而不谓今世复有得之者，皆言唯上古已度仙人，乃当晓之。或有得方外说，不得其真经。或得杂碎丹方，便谓丹法尽于此也。

葛洪曾游历徐、豫、荆、襄、江、广数州，所见流移俗道士达数百人，然而极少有人知晓金丹大道，道教内尚且如此，世俗世界的情况更可想而知。另外，《真诰》卷十记载小茅君云："丹砂、雄黄、雌黄家家皆有之，至于无一人合药者也，皆如传国玺印，父传子，子传孙耳。"这段话倒不一定是茅衷所言，更可能是《真诰》编者所处时代社会现象的反映，也即与葛洪相当的时期，正可与葛洪的经历相互印证,是炼丹术在当时社会中地位的真实写照。

其次,早期炼丹术没有从理论上对神仙方术进行全面总结与批判。早期丹经虽然贬斥服草木药、行气、导引等一般神仙方术,但论述比较粗糙简单,缺乏理论上的系统清算,它被道教广泛接受需要一个发展过程。

由于以上两个主要原因,炼丹术在葛洪时代的社会影响仍然不大,即便在道教中它也难以说是最重要的修仙方式。有鉴于此,葛洪从多个方面对战国以来的神仙方术进行了一次大清理,成功构建了一套以金丹黄白为仙道之极的神仙方术体系。葛洪首先论证了神仙存在的真实性,接着又分析了神仙可致的现实性,最后根据长久以来盛行的假求外物以自坚固的观念,提出还丹金液乃修神仙的根本方法,将服草木药、行气、导引、房中等其他方术视为次等的养生术。经过精心建构,一个有着较为严密体系的神仙方术的金字塔耸立而起,位于金字塔顶端的便是金丹黄白术,而一般养生术与医学是金字塔的基座。由于葛洪的修仙体系顺应了汉代以来神仙方术的发展逻辑,而且有比较坚实的知识与技术基础,因而逐渐被道教及社会广泛接受。

在葛洪身后,炼丹术逐渐从深山中的隐蔽丹房走入社会,《抱朴子内篇》在其中起到了很大推动作用,如孙昌武认为:"炼丹术发展史上有两部著作产生了深远影响,这两部书在唐代文人间也受到广泛重视,被当作研习炼丹术的指针。一部是《周易参同契》,另一部是葛洪的《抱朴子内篇》。葛洪主张内道外儒,这成为他吸引后世士大夫的条件之一,唐代的许多文人都读过《抱朴子内篇》,其重要意义就在于一方面把炼丹术变成一种任何人都可以把握和利用的实用技术,另一方面又把炼丹术与神仙追求结合起来,使炼丹术成为一种可以实行的神仙术,这无论是作为理论还是作为实践活动的指针,都是具有巨大诱惑力的,唐代的许多人就是通过这两部书来研习炼丹术的。"[1]

四、医学思想

在葛洪建立的修仙体系中,金丹术无疑处在金字塔塔尖,是最重要的成仙方式。同时,葛洪也十分强调草木药以及医学的重要性,对此他曾反复说明:

> (1) 养生之尽理者,既将服神药,又行气不懈,朝夕导引,以宣动荣卫,使无辍阂,加之以房中之术,节量饮食,不犯风湿,不患所不能,如此可以不病。但患居人闲者,志不得专,所修无恒,又苦懈怠不勤,故不得不有疹疾耳。若徒有信道之心,而无益己之业,年命在孤虚之下,体有损伤之危,则三尸因其衰月危日,入

---

[1] 孙昌武:《道教与唐代文学》,人民文学出版社2001年版,第39—43页。

绝命病乡之时，招呼邪气，妄延鬼魅，来作殃害。其六厄并会，三刑同方者，其灾必大。其尚盛者，则生诸疾病，先有疹患者，则令发动。是故古之初为道者，莫不兼修医术，以救近祸焉。凡庸道士，不识此理，恃其所闻者，大至不关治病之方。又不能绝俗幽居，专行内事，以却病痛，病痛及己，无以攻疗，乃更不如凡人之专汤药者。所谓进不得邯郸之步，退又失寿陵之义者也。

（2）不得金丹，但服草木之药及修小术者，可以延年迟死耳，不得仙也。或但知服草药，而不知还年之要术，则终无久生之理也。……或修道晚暮，而先自损伤已深，难可补复。补复之益，未得根据，而疾随复作，所以克伐之事，亦何缘得长生哉？……由兹以观，则人之无道，体已素病，因风寒暑湿者以发之耳。苟能令正气不衰，形神相卫，莫能伤也。凡为道者，常患于晚，不患于早也。恃年纪之少壮、体力之方刚者，自役过差，百病兼结，命危朝露，不得大药，但服草木，可以差于常人，不能延其大限也。故仙经曰：养生以不伤为本。此要言也。神农曰：百病不愈，安得长生？信哉斯言也。

……长生之要，在乎还年之道。……是以善摄生者，卧起有四时之早晚，兴居有至和之常制；调利筋骨，有偃仰之方；杜疾闲邪，有吞吐之术；流行荣卫，有补泻之法；节宣劳逸，有与夺之要。忍怒以全阴气，抑喜以养阳气。然后先服草木以救亏缺，后服金丹以定无穷，长生之理，尽于此矣。

以上几段话很有代表性，它表明秦汉时期所形成的神仙方术在早期炼丹家这里经过一次重新审查，金液还丹被推崇为成仙的最高也是唯一手段，那些原本偏重于养生的普通服食、行气、导引、房中等方术被还归本色，其最初的延年益寿功能被炼丹家重视，并且成为服丹必需的前期医疗过程。葛洪主张，如要服食金丹成仙，首先要将人身上的各种疾病治愈方可。因此，除去各种养生方技，医学也成为其修仙体系中的一个有机组成部分，正如胡孚琛早就指出的那样："葛洪说：'先服草木以救亏损，后服金丹以定无穷，长生之理尽于此矣。'这说明道教医药学的却病健身是为服丹成仙打基础的。"在这种思想的指导下，葛洪对医药学进行卓有成效的研究，取得重要成就，他先后编撰出《玉函方》一百卷及《救卒方》（或称为《肘后救卒方》《肘后备急方》）三卷。特别是《救卒方》，由于葛洪反对世俗中"贵远贱近、是古非今"的观念，力求简化治疗药方，坚持价廉易得原则，所以书中没有记载复杂的理论，收录的都是简便易行的治疗方法。

葛洪记载的仙药在很多方面与医药具有共通之处，它可以同时具有延年益寿与治病的双重功能，如木芝，"又可以治病，病在腹内，刮服一刀圭，其肿痛在外者，随其所在刮一刀圭，即其肿痛所在以摩之，皆手下即愈，假令左足有疾，则刮涂人之左足也"。云母，"服之一年，则百病除"。雄黄，色泽不好者"不任以作仙药，可以合理病药耳"。若被蛇咬，"以少许雄黄末内疮中，亦登时愈也"。尽管这些药物的治病功能说得有些虚妄夸张，不过服食仙药与医药确实有同一性的一面。有研究指出，葛洪的确将一些矿物药用于医学实践。如用盐水清洗伤口，水煮磐石渍足治猝死，炼矾石末治狐臭，用芒硝等治服石药发动，以水银等治疮疱等。这种现象在与葛洪同时期的炼丹家身上也可看到。如《黄帝九鼎神丹经诀》卷三引狐刚子语云："五金神粉，非独服饵长生，用以摩身，俗疾不能干，众灾莫由害也。"

如上所述，尽管葛洪将一些炼丹矿物用作医药，但在葛洪的金丹术中没有这种倾向，金丹与医药在葛洪那里是两种不同的知识体系，尤其在"药"上，作为仙道之极的金丹大药与作为治病的药其性质与功能完全不同。尽管个别小丹方也涉及治疗疾病，如岷山丹"以井华水服如小豆，百日，盲者皆能视之，百病自愈，发白还黑，齿落更生"，墨子丹"服之一刀圭，万病去身，长服不死"，但实际上这只是成仙的前奏，其最终功能仍在于成仙，《抱朴子内篇》中的"丹"尚未具备治疗具体疾病的功能，自然，葛洪的医方著作中也不可能有丹方内容。因此，葛洪在医学方面取得的成就固然值得肯定，以他为代表的金丹派取得的化学成就同样令人瞩目，但总体来看，葛洪的医学并未及时吸收金丹术中的医药化学知识。事实上，在炼丹术的发展过程中，它在不同时期与医药学的关系有重要差别。以葛洪与陶弘景为例，尽管陶氏在炼丹理论方面的成就要远逊于葛洪，但在促进本草学与炼丹矿物知识融合这一方面，陶氏却远在葛洪之上，葛洪表现出来的援医入道与陶弘景表现出来的援道入医具有显著不同的特点。至于将炼丹化学正式引入方剂学中，隋唐之际的大医学家孙思邈才是真正的践行者。

第七章

陶弘景与医药学

陶弘景（456—536），字通明，自号华阳隐居，丹阳秣陵（今属江苏南京市）人，出生于刘宋之时，历经宋、齐、梁三朝，博学多才，著名医药学家和道教学者，道教上清派宗师，又与梁武帝交游甚密，人称"山中宰相"。陶弘景年轻时读书十分刻苦，"一事不知，深以为耻"，又"性好著述"，故而著作等身，有目录可考者就将近百种，涵盖经史子集，学识之渊博令人叹为观止。在南北朝史研究的很多领域内，陶弘景都是一个重要人物，其事迹、思想、著作等都很丰富，这里限于篇幅无法全部涉及，仅择取其医学背景和医学代表作《本草经集注》与道教的关系加以介绍。

一、医学世家

陶弘景身前身后传记资料很丰富，如《梁书》卷五十一《处士》和《南史》卷七十六《隐逸》皆有其自传，齐朝时期有谢瀹的《陶先生小传》、陶翊的《华阳隐居先生本起录》,梁有邵陵王萧纶的《隐居贞白先生陶君碑》、简文帝的《华阳陶先生墓志铭》,唐代则有李渤的《梁茅山贞白先生传》,此外,宋贾嵩的《华阳陶隐居内传》,元刘大彬的《茅山志》、张雨的《玄品录》以及陶弘景流传至今的大量著述等均为研究陶弘景生平思想的重要文献资料。今人能认识身兼宗教家、医学家、文学家、经学家、科学家、艺术家等数职的陶弘景,正得力于以上史料。

与葛洪类似,陶弘景年轻时也曾想谋得功名。宋、齐更替时,他曾跟随别人起兵攻打萧道成,事败,转投萧齐。后因求宰显不成,辞职归隐茅山。萧梁兴起时,归隐中的陶弘景看到了曙光,援引图谶成"梁"字,令弟子献给萧衍(即后来的梁武帝)。自此以后,萧衍对陶弘景礼敬有加。《南史·陶弘景传》载:"帝手敕招之,锡以鹿布巾。后屡加礼聘,并不出,唯画作两牛,一牛散放水草之间,一牛著金笼头,有人执绳,以杖驱之。武帝笑曰:此人无所不作,欲学曳尾之龟,岂有可致之理!国家每有吉凶征讨大事,无不前以谘询。月中常有数信,时人谓为山中宰相。"陶弘景"山中宰相"的美誉即源于此。其实,正如南朝变幻莫测的政治风云一样,陶弘景的人生经历同样坎坎坷坷,毫不夸张地说,表面德高望重的"山中宰相",其一生实辗转于风口浪尖之上,他和梁武帝的关系远非表面看起来那样简单。

陶弘景的博学与其知识背景有关,与儒、道、医、佛四事均有深厚渊源。

第七章 陶弘景与医药学

陶氏家族最重要的知识背景应当来自儒家，《华阳隐居先生本起录》这样记载：

> 陶氏本冀州平阳人，帝尧陶唐之苗裔也。尧治冀州平阳，故因居焉。汉兴，有陶舍为高祖右司马，子青擢位至丞相。十三世祖超，汉末渡江，始居丹阳。七世祖濬，交州刺史璜之弟，仕吴为镇南将军，封句容侯，食邑二千户，与孙皓俱降晋，拜议郎、散骑常侍、尚书。六世祖谟，濬第三子，永嘉中为东海王越司马，领屯军随王出许昌。因败，仍复过江，为大将军王敦参军。敦为丞相，转军谘祭酒。后随敦南下，而情惧祸及，乃启分属籍。禁锢积年，晚起为车骑、丞相参军，不就，升平四年卒，始别葬白石山之岭，赡湖北。高祖毗，有理识，器干高奇，以文被黜，不肯游宦，州郡辟命并不就，后板授南安正佐，亦不起，元兴三年卒。曾祖兴公，多才艺，亘营产殖，举郡功曹，察孝廉，除广晋县令，义熙二年卒。祖隆，身长七尺五寸，美姿状，有气力，便鞍马，善骑射，好学，读书善写，兼解药性，常行拯救为务。行参征南中郎军事，侍从宋孝武伐逆有功，封晋安侯，除正佐，固辞。颜峻特宠，就求宅以益佛寺，弗与，因辞官，见谮削爵，徙广州。后被恩除南海西平县令，后监新会郡，大明五年卒于彼。父讳贞宝，字国重，

司徒建安王刘休仁辟为侍郎,迁南台侍御史,除江下孝昌相。亦闲骑射,善藁隶书。家贫,以写经为业,一纸直价四十,书体以羊欣、萧思话法。深解药术,博涉子史,好文章,美风仪,凡游从,与萧思话、王钊、刘秉周旋,多为诸贵胜所赏遇。元徽四年冬,衔使肤庭,通邻国之好,甚得雅称。升平元年还都,具撰游历记并诗数千字,及所造文章等,刘秉索看,仍值石头事,亡失无复别本,不得传世。建元三年于县亡,背丧还葬旧墓。母东海郝夫人,讳智湛,精心佛法,及终,有异焉。先是,贞宝携家随萧之郢州,孝建二年,萧亡。其年九月,母觉有娠,仍梦见一小青龙,忽从身中出,直东向而升天,遂视之,不见尾。既觉,密语比丘尼,云:"弟子必当生男儿,应出非凡人,而恐无后。"尼问其故,以所梦答。尼云:"将出家?"又答:"审尔亦是所愿。"时年二十五。其冬,仍随萧部伍还都,住东府射堂前参佐廨中。以孝建三年太岁丙申四月三十日甲戌夜半,先生诞焉。(《云笈七签》卷一百七)

从上面这段陶氏家族小史中可以看出,自身份比较可靠的陶弘景七世祖陶浚开始,陶家均历代为官,尽管家族有渐趋衰败的迹象,至弘景父陶贞宝时则窘迫到以写经为生。但陶贞宝的骨子里显然浸透着仕宦的血液,不仅自己与萧思话、王钊、刘秉等权贵一时者交游周旋，且颇为着意栽培陶弘景入上流社会。

对陶弘景而言，后来不少记载均言其早有遁世之心，如《梁书》卷五十一《处士·陶弘景》云："年十岁，得葛洪《神仙传》，昼夜研寻，便有养生之志。谓人曰：'仰青云，睹白日，不觉为远矣。'"宋贾嵩《华阳陶隐居内传》的记载更为神奇："八九岁时读书千余卷，颇善属文。读葛稚川《神仙传》见淮南八公事，夜抱卷与寝，乃曰：攀青云白日，其何云远？繇是耽重信悟，窅然有方外之志矣。神表孤迈，肤色皙泽，每出，路人辄聚观，咸曰：陶郎是玉京中落仙。乃执羽扇以自障蔽，虽冬月不除。"类似文字不乏事后追述之言，实际上，陶弘景隐居背后的复杂现实困境不可低估。不过对《本草经集注》的成书而言，他的医学传承最引人注目，自其祖隆"兼解药性"、父贞宝"深解药术"，至陶弘景已有三代，也就是说陶弘景最初的医学知识应来自祖父、父亲传承下来的医术，而非道教，他在《本草经集注·序录》中一段表白很清楚地说明了这一点：

> 晋时有一才情人，欲刊正《周易》及诸药方，先与祖纳共论，祖云："辩释经典，纵有异同，不足以伤风教，方药小小不达，便寿夭所由，则后人受弊不少，何可轻以裁断。"祖公此言，可为仁识，足为水镜。《论语》云："人而无恒，不可以以作巫、医。"明此二法，不得以权饰妄造。所以医不三世，不服其药。又云"九折臂，

乃成良医"。盖谓学功须深故也。复患今承藉者，多恃衔名价，亦不能精心研解，虚传声美，闻风竞往，自有新学该明，而名称未播，贵胜以为始习，多不信用，委命虚名，谅可惜也。京邑诸人，皆尚声誉，不取实录。余祖世以来，务敦方药，本有《范汪方》一部，斟酌详用，多获其效。内护家门，傍及亲族。其有虚心告请者，不限贵贱，皆摩踵救之。凡所救活，数百千人。自余投缨宅岭，犹不忘此。日夜玩味，恒觉欣欣。今撰此三卷，并《效验方》五卷，又《补阙葛氏肘后》三卷。盖欲永嗣善业，令诸子侄，弗敢失坠，可以辅身济物者，孰复是先。

陶弘景极力强调用药之慎正是他三世以来医家精神的体现，撰写诸药方亦多因家传之影响。由此而论，他对《神农本草经》的注意首先在于其医家身份，并非单纯在隐居之后才有此意，因而对"隐居先生，在乎茅山岩岭之上，以吐纳余暇，颇游意方技，览本草药性，以为尽圣人之心，故撰而论之"（《本草经集注·序录》）的表白应当全面地来理解。

陶弘景的道教背景及活动不需在此赘述，可参考已有介绍，唯于炼丹一事须辨明。今人多谓陶弘景为"炼丹家"，此非空穴来风之言，《南史》卷七十六《隐逸·陶弘景》云："弘景既得神符秘诀，以为神丹可成，而苦无药物。帝给黄金、朱砂、曾青、雄黄等。后合飞丹，色如霜雪，服之体轻。及帝服飞丹有验，益敬重之。"陶弘景在萧梁时期确实有着二十多年的炼丹实践，而且亦著有《合丹药诸法式节度》一卷、《集金丹药白要方》一卷等炼丹著作以及《服云母诸石药消化三十六水法》一卷与炼丹有关的服食仙经。然而诸多史料及研究表明，陶弘景其实并非名副其实的炼丹家，这件事情——炼丹的缘由、所采用的丹法及成就，以及炼丹给其带来的精神痛苦——我们可以从三个方面来理解。第一，根据《华阳陶隐居内传》记载，梁武帝要求陶弘景为其合丹，弘景以李少君为由相推辞，但萧衍固执己见，弘景无奈不得不遵命行事。至于武帝为何让其炼丹，则有不同解说，或与政治有关，或与信仰有关。第二，陶弘景身为道教一代宗师，对丹法自然了解不少，但他只选择了九转丹，二十余年中反复烧炼，每次开鼎皆获霜华，弟子有云此为成，而陶弘景则以"验丹家说"而予以否认。最后一炉终于成功，陶弘景打算依九鼎丹经所说的先以试金。从其炼丹的整个过程来看，陶弘景并不深谙丹鼎之事，所行所言皆依丹经，因而称他为"炼丹家"是过于溢美之词。第三，陶弘景本人并不相信金丹可以使人白日升天，如九转丹炼成后，本拟试金为验，然而事前陶弘景做了一个梦，有人对他说："不须试，试亦不得。今人多贪，忽闻金玉可作便求，竟毁天禁。……世中岂复有白日升天人？渐服自可知。"这实际上是陶弘景本人思想的反映。长期炼丹不成给陶弘景造成了巨大的精神压力，以致其出现外逃隐匿、以死相殉等举动与念头，但因各种原因最终未能逃脱梁武帝的控制。当然，强调这一点不仅不会贬低陶弘景在《本草经集注》中从医学角度对炼丹矿物药知识以及仙经服食所进行的融摄，反而会使得这种融摄更容易理解。至于陶弘景皈依佛教一事不仅违其本愿，更在《本草经集注》成书之后，因而不再细究其中原委。

二、《本草经集注》与道教

在中医药学的历史上，本草学是一门重要的基础性学问，《神农本草经》是现存最早的一部本草学专著，后世本草著作无不滥觞于此，因而它在古代医药学史上具有崇高地位，与《黄帝内经》《素女脉诀》并称为"三世医学"，与《黄帝内经》《伤寒论》《金匮要略》合称为"四大经典"。

《本草经集注》成书于公元500年前，在中国本草学史上占有重要地位，撰成后风靡于世数百年，后来唐代的《新修本草》、宋代的《证类本草》等著名本草著作均以《本草经集注》为蓝本进行编撰。《本草经集注》之所以能够取得如此巨大的成功，固然与陶弘景深厚的医药学知识有直接关系，但除此以外，他精通道教药物知识也是一个重要因素，故今人常将陶弘景视为道医。在《本草经集注》中，陶弘景将传统药物知识和道教药物知识紧密结合在一起，援道入医，大大丰富了本草学的内容。《神农本草经》本就包含很多神仙服食知识。东汉至南北朝，由于道教炼丹术及普通服食方术的迅速发展，道教内积累了大量药物知识。这一段时期内，本草学虽然也有很大发展，先后出现多种著作，但直到陶弘景时才真正有意识地援引道教药物知识进入本草著作，将本草学与道教的融合提高到一个新阶段。

《本草经集注》的内容包括三个部分，即《神农本草经》原文、名医副品（即《名医别录》）和陶弘景的注文。《神农本草经》与《名医别录》中都包含有部分炼丹服食药物知识，但《本草经集注》陶氏注文中更多，而且注文对哪些内容来自道经一般都有明确说明，有时候甚至具体到道经名称。在《本草经集注》中，陶弘景以朱字书写《神农本草经》，以墨字书写"名医副品"，自己的注文则以小字书写。注文中凡涉及与"道经、仙方、服食、断谷、延年、却老，乃至飞丹转石之奇，云腾羽化之妙"等有关的药物知识时，陶弘景皆记出处，一般笼统称之为仙经、丹方或黄白术。尤其可贵的是，陶弘景对很多金石药在当时的使用范围做了说明与比较，如医学、俗世还是炼丹术中，为我们了解当时的炼丹药物知识情况提供了很大便利。

陶弘景的复杂背景特别是医、道思想在《本草经集注》中得以充分体现。《神农本草经》的成书原本就吸收了很多神仙服食知识，通观《本草经集注》可以发现，陶弘景充分继承了这种传统，在药物知识上大量融摄道教中的内容，他在《序录》中对书的编撰方式有明确说明：

> 今辄苞综诸经，研括烦省，以《神农本经》三品，合三百六十五为主，又进名医副品，亦三百六十五，合七百卅种。精粗皆取，无复遗落，分别科条，区畛物类，兼注铨世用，土地所出，及仙经道术所须，并此序录，合为三卷。

陶弘景之所以重视仙经道术知识，是因为在他看来，道、医实殊途同归，甚至道术更有超越俗医之处：

> 道经、仙方、服食、断谷、延年、却老，乃至飞丹转石之奇，云腾羽化之妙，莫不以药导为先。用药之理，又一同本草，但制御之途，小异世法。犹如梁、肉，主于济命，华夷禽兽，皆共仰资。其为生理则同，其为性灵则异耳。大略所用不多，远至廿余物，或单行数种，便致大益，是其深练岁积。即本草所云久服之效，不如世人微觉便止。故能臻其所极，以致遐龄，岂但充体愈疾而已哉！

固然，陶弘景是一个道士，但其医学知识主体来源为医而非道，也即他的医学思想应当是以医为主，以道为辅，这一点需要有正确认识，因而他的以道为辅绝非无理性的教徒呓语。《本草经集注·序录》中的一段话很好地体现了陶弘景的这种思想：

仓公有言："病不肯服药，一死也；信巫不信医，二死也；……精神者，本宅身为用。身既受邪，精神亦乱。神既乱矣，则鬼灵斯入，鬼力渐强，神守稍弱，岂得不至于死乎？……但病亦别有先从鬼神来者，则宜以祈祷祛之，虽曰可祛，犹因药疗致益，……大都鬼神之害人多端，疾病之源惟一种，盖有轻重者尔。《真诰》言："常不能慎事上者，自致百疴，而怨咎于神灵；当风卧湿，反责他于失福，皆是痴人也。"云慎事上者，谓举动之事，必皆慎思；饮食、男女，最为百疴之本。致使虚损内起，风湿外侵，以共成其害，如此岂得关于神明乎？唯当勤药治为理耳。

综上所述，《本草经集注》的编撰遵循了一种在今天看来仍不失严谨的学术态度。正是这种严谨，使得它的学术理路被以唐《新修本草》及宋《证类本草》为代表的一系列重要本草著作所继承。

第八章
孙思邈与炼丹术

一、早期中医与丹药

孙思邈（约581—682）是隋唐时期著名的道士、伟大的医药学家，他一生献身医学，淡泊名利，对中医药学的发展做出了巨大贡献，被后人尊称为"药王"。孙思邈生前以高超的医术、崇高的医德治愈病人无数，其身后留下两部不朽的医药学著作《千金要方》与《千金翼方》。孙思邈的医学贡献非常多，如在治疗伤寒病方面的发展、对唐以前医方的综合与创新、对缺乏营养病的防治、奠定妇科与儿科发展的初步基础、发展了养生长寿学说等。除上述几个方面以外，孙思邈还有一个非常重要的医药学贡献不被人们所熟知，即他首次将炼丹术中的化学制药方法正式引入中医，成为中国古代医药化学的先驱。

古代中医药方中使用金石药物有悠久的历史。如马王堆汉墓出土的《五十二病方》（抄写年代不晚于秦汉之际）使用水银傅

"痏"，用雄黄、水银、铜屑等傅"加"（痂）。东汉郑玄记载了当时使用的一种治疗疮疾的"五毒方"，系用五种矿物烧炼而成，文见《周礼·天官冢宰下·疡医》："今医人有五毒之药，作之，合黄堥，置石胆、丹砂、雄黄、礜石、慈石其中，烧之三日三夜，其烟上著，以鸡羽扫取之，以注创，恶肉破骨则尽出。"不过总的来看，唐以前医方中的金石方基本都是外用，不用于内服。魏晋时期虽然流行服食五石散，而且有研究者认为它的确具有某种医疗功能，但五石散在当时并不被医家视为医方，而是神仙服食范畴中的一种。唐代以前的医方著作中没有纯粹的内服金石方，其中治疗五石散病发的方法倒是很多。

孙思邈之前曾出现过两位著名道医，他们分别是晋代的葛洪与梁代的陶弘景，他们对道教与医学两个领域均有重要贡献。葛洪在大力宣扬金丹黄白与神仙道教的同时，对医学十分用心，编撰有《玉函方》一百卷及《救卒方》（或称《肘后救卒方》《肘后备急方》）三卷，在医学史上占有一定地位。但总体而言，金丹与医学在葛洪那里是两种不同的知识体系。体现在"药"上，作为治病的药方与作为成仙手段的丹药，其性质与功能完全不同，医方治病是为服丹成仙做准备的。如《抱朴子内篇·极言》云："先将服草木以救亏缺，后服金丹以定无穷，长生之理，尽于此矣。"因此葛洪虽然掌握有许多烧炼丹药的方法，但并未将其用于医方。与葛洪相比，陶弘景在本草学与炼丹术融合方面取得的成就要显著得多。早在东汉时，中国历史上第一部本草著作《神农本草经》

就吸收了很多神仙服食知识。陶弘景在编撰《本草经集注》的时候很好地继承了这种传统，将许多道教炼丹服食知识融入本草学，这一特征在上一章已经做过介绍。当然，虽然陶弘景在医道融合方面较之葛洪更进一步，但如葛洪一样，他也未能将化学制药方法引入医方，因而丹方还是不能像本草药物一样单独用于治疗疾病。

二、孙思邈对炼丹的贡献

唐代是炼丹术发展的鼎盛时期，随着炼丹术的广泛流行，丹药的功能发生重要变化，仙丹除成仙功能外，开始具备治病的功能，炼丹化学开始与医方融合。根据比较可靠的资料，这种典型变化较早出现在著名医药学家孙思邈身上。孙思邈18岁时开始习医，后来他对道教也非常留心。根据孙思邈撰写的炼丹著作《太清丹经要诀·序》记载，他每当读到道书中说身生羽翼、飞行轻举都是因为吃丹药的时候，便对炼丹切慕于心，于是他开始亲自试验丹火之事，"虽艰远而必造，纵小道而亦求"。但孙思邈逐渐发现，丹药并非如道书所言有飞升轻举的神奇功效，那都是道士自衒其能、趋利世间的结果。孙思邈进行炼丹飞升虽然失败了，但他开始以医家的探索精神来研究丹药，发现丹药虽然成仙不足，但可以治疗某些疾病，于是他便抱着救疾济危的目的，对一些金石矿物与丹诀反复亲自试炼，毫末之间，一无差失，然后再谨慎地将金石丹药在临床实践中试用：

余历观远古方书，佥云身生羽翼、飞行轻举者，莫不皆因服丹。每咏言斯事，未尝不切慕于心。但恨神道悬邈，云迹疎绝，徒望青天，莫知升举。始验还丹伏火之术，玉醴金液之方，淡乎难窥，杳焉靡测，自非阴德，何能感之？是以五灵三使之药，九光七曜之丹，如此之方，其道差近。此来握玩，久而弥笃。虽艰远而必造，纵小道而亦求。不惮始终之劳，讵辞朝夕之倦？研穷不已，冀有异闻。良以天道无私，视听因之而启。不违其愿，不夺其志，报施功效，其何速欤！岂自衒其所能，趋利世间之意？意在救疾济危也。所以撰二三丹诀，亲经试炼，毫末之间，一无差失，并具言述，按而行之，悉皆成就。

孙思邈炼丹出于救疾济危的目的，在《千金翼方》卷第十四《退居·服药第三》中有记载，他说："世有偶学合炼，又非真好，或身婴朝绂，心迫名利，如此等辈，亦何足言？今退居之人，岂望不死羽化之事？但免外物逼切，庶几全其天年。然小小金石事，又须闲解神精丹，防危救急所不可缺耳。"孙思邈试用金石药时甚至以自身作为试验对象。《千金要方》卷第二十四《解毒并杂治·解五石毒第三》云，他在三十八九岁的时候，曾亲服乳石五六两，察验其效果。这是一种非常可贵的神农尝百草精神，因为金石矿物大多都有毒，这样做有时候要冒生命危险。孙思邈在《千金要方》卷第二十二《痈疽第二》提到，他一生曾"数病痈疽"，这可能与他服金石药有关。在这一过程中，孙思邈获得了治疗痈疽的第一手资料："余平生数病痈疽，得效者皆即记之。考其病源，多是药气所作，或有上世服石，遂令子孙多有此疾。食中尤不宜食面及酒、蒜，又慎温床厚被，能慎之者，可得终身无它。此皆躬自验之，故特此论之也。"

经过长期探索，孙思邈首先在单味金石药疗效方面形成了规律性认识，哪些矿物益于身体，哪些矿物有毒，无不了然于胸。如他在《千金要方》卷第二十四《解毒杂治·解五石毒第三》中记载道："然其乳石必须土地清白光润，罗纹鸟翩一切皆成，乃可入服。其非土地者，慎勿服之。多皆杀人，甚于鸩毒。紫石、白石极须外内映彻，光净皎然，非此亦不可服……宁食野葛，不服五石。明其大大猛毒，不可不慎也。有识者遇此方，即须焚之，勿久留也。"他甚至对服石的年龄规律也有深入认识："人不服石，庶事不佳。恶疮、疥癣、瘟疫、疟疾，年年常患，寝食不安，兴居常恶，非止己事不康，生子难育。所以石在身中，万事休泰，要不可服五石也。人年三十以上可服石药，若素肥充，亦勿妄服；四十以上，必须服之；五十以上，三年可服一剂；六十以上，二年可服一剂；七十以上，一年可服一剂。又曰：人年五十以上，精华消歇，服石犹得其力。六十以上转恶，服石难得力，所以常须服石，令人手足温暖，骨髓充实，能消生冷，举措轻便，复耐寒暑，不著诸病，是以大须服。"服石还须忌食某些食物，如"凡服石人，甚不得杂食口味，虽百品具陈，终不用重食其肉。诸杂既重，必有相贼，聚积不消，遂动诸石。如法持心，将摄得所，石药为益，善不可加"。现代医学研究表明，人需要摄入铁、铜、锌、锰、碘、钴、钼、硒、氟、钡等多种微量元素，若摄入缺乏就会引起疾病。因此，孙思邈强调人要服石确有一定合理之处。当然，他的方法还有很多不科学的地方，我们应辩证看待。

除研究单味金石药，孙思邈在用化学方法合成药物方面也取得了重要成就。孙思邈炼制的丹药很多，他把这方面的成果编成多种著作，如《烧炼秘诀》《太清真人炼云母方》《太清丹经要诀》等，可惜现在这些著作大部分都失传了，唯有《太清丹经要诀》保存在《云笈七签》中。《太清丹经要诀》记载了很多道教的神仙丹方，其中有一些可以作为药使用，孙思邈在书中有明确说明。例如，小还丹可以去心忪、热风、鬼气、邪痓虫毒、天行瘟疟，镇心，益五藏，利关节，除胀满心痛、中恶，益颜色，明耳目；另外一种成分不同的小还丹用来治风癫痫、失心鬼魅魍魉等，久服凝骨髓，益血脉，润肌肤，出颜色，安魂魄；艮雪丹则主镇心安藏，除邪瘴恶气、痊杵、风癫风痫等疾，治传尸、虐瘴、疠时气，一切热病入口立愈，神效，若用入面脂，治奸黑曾；其他如赤雪流朱丹、紫精丹、流珠丹等均有具体疗效。如此丰富的炼丹实践为孙思邈从事医药化学研究打下了坚实基础。

孙思邈在 70 岁前后编撰成《千金要方》，这时他从事炼丹研究已多年，积累了丰富的医药化学知识。但是出于医生的高度责任心，他并未将炼制的全部金丹药物记载进《千金要方》中，而只是选择了个别确实有疗效且服用安全的丹方，如太一神精丹。孙思邈在《千金要方》卷第十二《胆腑·万病丸散第七》中明确记载，太一神精丹为道教神仙方，"古之仙者，以此救俗，特为至秘"。此药由丹砂、曾青、雌黄、雄黄、磁石、金牙合炼而成。孙思邈说他曾在隋朝大业年间（605—617）数次合炼，但当时苦于雄黄、曾青两种药难得，试炼不顺利。后来孙思邈在蜀地行医，恰巧碰上雄黄大贱，又在飞乌玄武得到很多曾青，如此良机，遂于蜀县魏家合成一釜，用其来治病，结果效果非常神验。孙思邈详细记录了太一神精丹的炼法、疗效及服用方法。由于炼丹需要用丹釜，孙思邈一并记载了两种丹釜的制法，以及密闭材料六一泥的原料与炼制方法，这些都是孙思邈从炼丹家那里学来的，他为了医学目的而将其详细公布出来。经过几十年的临床实践和反复检验，孙思邈才在《千金要方》中记录了这种化学药方，可见他对化学药物的审慎态度。这一点可以理解，虽然本草著作一开始就记载各种金石矿物的药用价值，但合炼化学药品在唐代以前向来都是炼丹家为求神仙而进行的活动，为此丧命者不计其数。而孙思邈却反其道而行之，积极探索丹药的医药功能，如不慎重，很容易重蹈炼丹家们的覆辙，孙思邈对此十分清醒。

《千金要方》完成时，孙思邈已进入古稀之年。在古代，70 岁已属高寿，但对孙思邈而言，他的成就才刚完成一半。尽管《千金要方》所取得的成就足以使孙思邈彪炳史册，但他并没有沉溺在兴奋中，反而对《千金要方》的欠缺耿耿于怀，"犹恐岱山临目，必昧秋毫之端；雷霆在耳，或遗玉石之响"，于是他很快又忙碌于《千金翼方》的艰辛编撰工作。经过三十年的呕心沥血，《千金翼方》终于在孙思邈满百岁的时候完成。此时孙思邈已是灯尽油枯，翌年他便与世长辞。在《千金翼方》中，孙思邈针对《千金要方》进行了多方面的补充与完善，特别是在医药化学方面，他在临床实践中取得进一步突破，对后世产生了重要影响。

孙思邈晚年一直未曾中断对化学制药的研究，在《千金翼方》中，他一方面进一步深刻揭露金丹的欺骗性，另一方面又将更多的金丹药物应用于医学。他在《千金翼方》卷第十四《退居·服药第三》中说："世有偶学合炼，又非真好，或身婴朝绂，心迫名利，如此等辈，亦何足言？今退居之人，岂望不死羽化之事？但免外物逼切，庶几全其天年。然小小金石事，又须闲解神精丹，防危救急所不可缺耳。伏火丹砂，保精养魄，尤宜长服；伏火石硫黄，救脚气，除冷癖，理腰膝，能食有力；小还丹，愈疾去风；伏火磁石，明目坚骨；火炼白石英、紫石英，疗结滞气块，强力坚骨；伏火水银，压热镇心；金银膏，养精神、去邪气。此等方药，固宜留心功力，各依《本草》。"以上所记诸丹药，除太一神精丹首次记载于《千金要方》中，其余都是《千金翼方》中补充的新药，而这些药方及其炼制方法在孙思邈的炼丹著作《太清丹经要诀》中都有记载。如伏火石硫黄为流珠丹，伏火水银为艮雪丹，火炼白石英、紫石英则与太一玉粉丹相似，只是《千金翼方》没有用它们的原名而已。这说明，孙思邈经过进一步临床检验，已经确认它们的疗效，于是便将它们作为正式医药使用。不仅如此，孙思邈还相信化学药物将来会更多地在医学中使用，只是需要进一步临床检验。由于自己时日无多，他把这项工作留给了后人，"其余丹火，以冀神助，非可卒致。有心者亦宜精恳，倘遇其真"。

大医精诚，百世流芳。孙思邈以其精湛的医术与高尚的医德，为中国古代医药学做出了巨大贡献，尤其是他作为医家首次将丹方引入医药学，化害为宝，开创了中国医药化学的新局面。唐代以后，化学制药成为中医方剂学的重要内容，丹方也成为一种重要的方剂类型，孙思邈开创的医药化学事业在其身后得到广泛应用，为古代社会做出重大贡献。无独有偶，晚于孙思邈几百年的文艺复兴时期，西方炼金术也出现医药化学运动，一些炼金术士积极尝试将化学药物用作医药，经过长期实践，最终发展出现代医药化学技术。

第九章
全真道

一、何谓"全真"?

全真道,又名"全真教"或"全真派",由金代王重阳始创,至元代臻至鼎盛,教被大江南北,融合多种道派,明清以后成为影响最大的道教派别。该教道统上溯"太上老君",奉"东华帝君"为教门始祖,继之以"正阳帝君钟离权""纯阳帝君吕洞宾""纯佑帝君刘海蟾""全真开化真君王重阳",是为全真"五祖"。金大定七年(1167),王重阳东行传教至宁海州(今山东牟平)的马从义(即后来作为全真七子的"马钰")庄上,马从义在自家南园为王重阳构筑庵堂居住,王重阳为之题名"全真"。这是对"全真"的较早记载。后来全真道南宗道士李道纯给出的解释是"所谓全真者,全其本真也。全精、全气、全神,方谓之全真"(《中和集》)。对全真道的教旨,元朝的徐琰概括为"识心见性,除情去欲,忍耻含垢,苦己利人"。

二、全真道的历史溯源

（一）王重阳关中创教

王重阳（1112—1170），祖籍陕西咸阳大魏村（今陕西省咸阳市秦都区双照镇大魏村），本名中孚，字允卿；后应武举，更名世雄，字德威；入道后改名王嚞，字知明，道号重阳子。王重阳出身于豪富之家，自幼卓尔不群，尚义气，性偶傥，不拘小节，人送绰号"王害风"，《全真教祖碑》说他是"美须髯，大目，身长六尺余寸"。

王重阳青少年时代，先学儒业应文举，不成；后学武应武举，中甲科而为小吏多年，不甚得志，所谓"天遣文武之进两无成焉"（《全真教祖碑》）。金正隆四年（1159）的某一天，已近天命之年的王重阳来到关中甘河镇（今西安市鄠邑区甘河镇）一酒肆饮酒，偶遇两位身披毡衣的异人，而得授内丹修真秘诀。翌年仲秋，王重阳又于醴泉县（今咸阳市礼泉县）遇一道者，得传五篇修真秘颂。随后，王重阳抛妻别子专事修炼。先是隐居终南山下的南时村（今陕西省西安市鄠邑区祖庵镇成道宫村），在村外挖一丈多深的坑穴，墓碑自题"活死人墓"，潜心修炼两年，曾作诗云："活死人兮活死人，火风地水要知因。墓中日服真丹药，换了凡躯一点尘。活死人兮活死人，活中得死是良因，墓中闲寂真虚静，隔断凡间世上尘。"之后，王重阳突然将修炼墓穴填平，转而到刘蒋村（今属陕西省西安市鄠邑区祖庵镇蒋村）构筑茅庵继续修行。金大定七年（1167）四月的一天，王重阳突然火烧茅庵，狂舞高吟："茅庵烧了事休休，决有人人却要修，便做惺惺成猛烈，怎生学得我风流。"从此，他只身携一杖一罐，以乞化为生，东出关中传道。

（二）王重阳胶东布道：点化七真，创立五会，全真教走向成功

经过几个月的跋涉，金大定七年（1167）中元节（农历七月十五日）前后，王重阳来到了胶东半岛的宁海州（今山东烟台牟平区），迈出了他传道生涯中走向成功的一步。

王重阳在宁海州首先成功地点化了马钰。马钰，原名马从义，字宜甫，出身地方显族，家族势力庞大，有"马半街"之称。马钰与王重阳结识是在同乡范明叔私宅怡老亭（后改名为"遇仙亭"）下。当时，王重阳着破衣戴竹冠，装扮古怪，吃瓜时一反常人，先吃瓜蒂，而令马钰另眼相看。言语间，二人相谈甚欢。后来，马钰将王重阳请到自己家里，以师礼相待，还在家中南园为他构筑庵堂居住。庵堂落成后，王重阳题匾"全真"。此时，马钰虽对王重阳之才学人品敬佩有加，但对其道术仍心存疑虑。对此，王重阳也心知肚明。为了让马钰心悦诚服，王重阳特意"秀"了一把：隆冬季节，王重阳布衣草履，让马钰将其锁在庵中百日，庵中仅设笔砚几席，每天仅供餐饭一顿，而王重阳始终"形神和畅，若寒谷之回春"。马钰不禁深为之信服。然而，马钰夫妇家庭殷实，夫妻感情也不错，所以要想让他们弃家入道也没那么简单。

为点化夫妇二人，王重阳又时常将梨子、栗子和芋头分赐给夫妇二人，暗示二人"分离"修道。功夫不负有心人，经过一年多的努力，马钰终于在金大定八年（1168）决意随王重阳出家修道。王重阳为之改俗名"从义"为"钰"，字"玄宝"，道号初作"云中子"，后来改为"丹阳子"。于是，王重阳带领马钰往昆嵛山开烟霞洞修道。修道艰苦，马钰一度想打退堂鼓，然而出身富贵的他在经历了饮酒患疾、下山行乞等考验后，坚持了下来，最后成为"七真"之首。

在点化马钰的过程中，其夫人"富春氏"（宁海州孙忠翊之小女儿）也受到熏染，但碍于母子情深，所以没有立即随马钰一起出家。不过，在马钰出家一年之后，富春氏在宁海州的金莲堂出家，同归王重阳门下。王重阳为此作诗云："分梨十化是前年，天与佳期本自然。为甚当时不出离？元来只待结金莲。"王重阳赐富春氏法名"不二"（本姓孙，世称"孙不二"），道号"清净散人"。

马钰之后，王重阳点化的第二位"七真"弟子是谭处端。谭处端，原名玉，字伯玉，也是山东宁海州人。谭玉的父亲虽是个铁匠，但谭玉从小接受了较好的文化教育，擅长诗文与草隶书法。当王重阳来到马钰家居住时，恰巧谭玉身染风痹而求医服药未效。谭玉听说王重阳颇有神通，便请求王重阳为他解除病患。当时，正值冬天，门外飘雪，庵内冰冷，王重阳令谭玉与之同衾而卧，"真人遂展足令抱之，少顷汗流被体，如置身炊瓯中。拂晓，真人以盥洗余水使公涤面。从涤之月余，宿疾顿愈"（陈垣《道家金石略》)。谭玉深叹服之，遂拜师学道。虽然其妻子多次劝阻，他仍痴心不改。王重阳为谭玉赐法名"处端"，字"通玉"，道号"长真子"。

"七真"中，名气最大的丘处机是王重阳在昆嵛山修凿烟霞洞时收留的。丘处机，登州栖霞（今山东烟台栖霞县）人。从小父母双亡、家境贫寒，没有正式的名字，或因其行为怪异，少年时经常栖身村北的山林中，乡人习惯呼之为"魔哥"。这位魔哥在十九岁时，经马钰的介绍在烟霞洞见到了王重阳，"一言而道合，遂师事之"（《磻溪集·序》）。王重阳为魔哥取名"处机"，字通密，道号"长春子"。此时的丘处机虽大字不识，但有灵气、记性好，能日诵千言而不忘。在王重阳等人的调教下，他后来也能诗善文。

金大定九年（1169）九月，王重阳带领马、谭、丘三弟子云游至莱州（今山东莱州），时武官庄二十一岁的刘长生自幼好黄老之道，闻讯前往迎接，请求纳为弟子。王重阳为之赐名"处玄"，字"通妙"，道号"长生"，世称"长生真人"。

王处一，道号玉阳子，宁海东牟（今山东威海乳山市）人。王处一在投靠王重阳前多次遭逢异人，已经奉道。金大定八年（1168），王处一与母亲一起前往昆嵛山烟霞洞参拜王重阳。王重阳赐其母名"德清"，号"玄靖散人"，后来这位女冠九十余岁高寿去世。王处一并没有随王重阳四处云游，而是在铁槎山（今在山东荣成市南，濒临黄海，或称作"槎山""查山"）云光洞修炼了九年，传说其"尝俯大壑，一足跻立，观者目瞬毛竖，舌挢然而不能下，称为'铁脚仙'"（陈垣《道家金石略》）。

郝大通，原名郝升，字太古，号广宁子，宁海州（今山东烟台牟平区）人。小时丧父，但家业殷实。虽读过儒书，但不慕仕途，好《周易》，并以卜卦为业。在母亲去世之后，到烟霞洞拜王重阳为师。王重阳更其名为"璘"，道号"恬然子"，后又更名"大通"。

王重阳点化七大弟子的同时，还在民间广布性命双修、三教合一等全真教义，并在胶东半岛的宁海、莱州、文登等地建立了全真道的教会组织，如宁海州的三教金莲会、文登的三教七宝会、登州的三教玉华会、莱州的三教平等会、福山的三教三光会等，合成"五会"。通过"五会"这样的群众性修道组织，全真教的宗教势力及影响迅速扩大。

（三）重阳升霞，七真弘道

金大定十年（1170）腊月，王重阳率马、谭、刘、丘四大弟子云游到汴梁（今河南开封），王重阳自感大限将至，于是召四弟子于眼前，令马钰和谭处端立于内圈，刘处一和丘处机立于外圈，对身后之事安排妥当之后仙逝。四弟子将其灵柩送回刘蒋村安葬，并为之守丧三年。

金大定十四年（1174）秋，马钰与三位师弟相聚，各述己志：马曰"斗贫"，谭曰"斗是"，刘曰"斗志"，丘曰"斗闲"。随后，四人各奔一方传教。马钰在刘蒋村构庵长住，为之手书

"祖庭心死"匾额（后来规模宏大的全真祖庭——重阳万寿宫即以此庵为基础构筑而成），并以此祖庭为中心在关中传教，开全真遇仙派之先河。

依照王重阳的临终安排，由谭处端训导刘处玄。守丧结束后，谭、刘离开陕西云游到了洛阳。谭处端传道于伊洛间，主要在洛阳朝元宫（今河南洛阳栖霞宫）修炼传道而成全真南无派鼻祖。谭所书"龟蛇"二字，出神入化，信士喜收藏之。另有《水云集》传世，而南无拳或为其所创。

刘处玄到洛阳后，先如谭处端那样，以游方乞食为生，时而出没于花街柳巷以炼心性。几年后，谭返回山东莱州老家，传道成效甚著，曾受到金章宗召见并得赐修真观，成为全真随山派创立者。著作有《仙乐集》《至真语录》《道德经注》《阴符演》《黄庭述》等。

丘处机离开刘蒋村之后，只身先到了磻溪（流经今陕西宝鸡境内，相传是姜太公垂钓处），开洞苦修。白天常披蓑乞食，晚则战阴魔显阳神。六年之后，丘处机又到了陇州龙门山（今陕西宝鸡陇县龙门山）隐修七年，遂为全真龙门派之开山祖师。金大定二十一年（1181），马钰返回山东前，把丘处机招请到了祖庭掌教。几年后，丘长春之名声闻朝野。大定二十八年（1188），丘处机被金世宗召至京师赐以冠服并先后两次召见。金明昌二年（1191），丘处机从陕西回到老家登州栖霞，建太虚观，与文人雅士、达官贵人等多有来往，社会影响日益扩大。

全真七子中，马、谭、刘、丘四人随王重阳西行，并为之安葬守丧，与王重阳关系最为亲密，所以早期全真道文献多称呼他们为"四子""四士"或"四仙"。除此四人外，郝大通、孙不二和王处一三人虽未能参与王重阳的葬礼及为之守丧，却也继续修传全真道法。郝大通一度云游于赵、魏之地，在沃州石桥（即今河北赵县赵州桥）下默坐缄口修炼六年，人称"不语先生"。功成之后，继续在赵地传教多年。金明昌元年（1190），郝大通回到家乡宁海州授徒讲学十余年，后仙逝于宁海先天观，被尊为全真华山派祖师，著有《太古集》《太易图》等。

在王重阳仙逝后的第二年，孙不二长途跋涉西至长安，在一位全真信士家中见到了马钰。在马钰的坚持下，二人最终割舍了依恋之情。孙不二在长安环堵修炼了一段时间后，东至洛阳凤仙姑洞布道收徒，后仙逝于此。孙不二是全真清净派开教者，有《孙不二元君法语》和《孙不二元君传述丹道秘书》传世。

王重阳仙逝后，王处一没有西行，而是坚持在山东老家昆嵛山烟霞洞、云光洞潜心修道，遂开全真道嵛山派之先河。其道行之高不仅名满乡里，也为金皇室所青睐。金世宗、章宗都曾召见过他，而刘蒋祖庭正式宫观的兴建，正是在王处一向朝廷请得额号后开始的。传说金世宗召见时，曾以毒酒试探王处一之道行，处一持杯尽饮而未死。泰和三年（1203），金章宗曾命王处一在亳州太清宫（今河南鹿邑太清宫）两次主持普天大醮，化度信士千余人。王处一有遗作《清真集》《云光集》等。

(四)丘长春西行见驾,全真大兴

刘处玄去世后,丘处机成为全真道掌教。经过数十年的发展,全真道的规模和社会影响力逐渐扩大,成为一种不可小觑的宗教派别。金宣宗曾数次派人请丘处机出山到都城汴梁为金朝效力,但都被丘处机婉言谢绝了。后来,南宋宁宗派大将李全、彭义斌到莱州请丘处机出山到都城临安,丘处机也没有答应。丘处机认为金朝有"不仁之恶",南宋有"失政之罪",而且气数已颓,不值得倚靠。

公元1219年农历五月,西征中的成吉思汗派近臣刘仲禄持虎头金牌到莱州请丘处机西行见驾。刘仲禄奔波七个月,于当年腊月在莱州昊天观见到了丘处机。丘处机审时度势,"循天理而行,天使行处无敢违",所以不顾自己年事已高,决意应请西行。随即于来年正月挑选弟子赵道坚、李志常、宋德芳、尹志平等十八人,在蒙古士兵的护卫下,开启了西行之旅。1220年农历二月下旬,丘处机一行抵达燕京(今北京),当时成吉思汗并不在燕京,而在西征途中。丘处机知自己年事已高,怕路途劳顿易生不测,于是先给成吉思汗修书一封。八个月后,丘处机收到了成吉思汗的回信,信中勉励丘处机西行见驾,并命刘仲禄:无使真人饥且劳,可扶持缓缓来。1221年农历二月初八,在燕京休整近一年之后,七十四岁高龄的丘处机与十八弟子又踏上了漫长的西行之路。在途经金山(今新疆阿尔泰山)之东的科布多(今蒙古国西部科布多省省会)时,丘处机留下了李志常、宋道安等九人建观布道。

其余弟子继续前行,终于在1222年农历四月经铁门关(今新疆铁门关市)抵达大雪山(今阿富汗境内)下的成吉思汗行宫。四月初五日,成吉思汗第一次会见丘处机,开门见山地问道:真人远来,有何长生之药以资朕乎?丘处机答道:有卫生之道,而无长生之药。成吉思汗对丘处机的坦诚表示了赞许,为表示敬重,从第二次见面开始,令"自今以往,可呼神仙"。据耶律楚材奉敕编著的《玄风庆会录》和李志常撰写的《长春真人西游记》等记载,在随后的近一年中,丘处机与成吉思汗"雪山论道"十余次,所谈内容极多,概括起来主要有三方面:其一,统一天下,在乎不嗜杀人;其二,治理天下,在乎敬天爱民,教民以孝;其三,修身养命,在乎清心寡欲,积德行善。

成吉思汗率领的蒙古铁骑以杀伐为能事,而丘处机敢逆龙鳞直面劝诫,"拳拳以止杀为劝"(《元史·丘处机传》),所以后人对此多有称颂,据说清代乾隆帝就曾为白云观丘祖殿撰联:"万古长生,不用餐霞求秘诀;一言止杀,始知济世有奇功。"虽然后来蒙古军队征服亚欧大陆的历史并没有体现出丘处机的劝诫到底作用几何,但是我们还是不得不佩服其胆识。

公元1223年农历三月初十,丘处机辞别成吉思汗,登上归途,又经过大约一年的跋涉,于1224年春回抵燕京。这样,丘处机的西游,从莱州经燕京至中亚"大雪山",再返回燕京,历时四年,行程几万里。在当时的交通条件下,丘处机于古稀之年涉险西行去见一位杀人如麻的蒙古大汗,不仅其本身极富传奇色彩并值得称道，更重要的是此冒险之举为全真道走向鼎盛，准备了来自国家政权方面的护佑。在与成吉思汗辞别时，丘处机拒绝了大汗牛马珍宝的赏赐，而专为全真教徒及宫观请了一道免除赋税差役的圣旨。回到燕京之后，丘处机又接到了成吉思汗特赐的金虎符牌和圣旨一道，赋予其"天下出家善人都管着者"的特权。此等政治优待，给全真道的积德行善和教会组织的发展带来了绝好时机，"处机还燕，使其徒持牒招求于战伐之余，由是为人奴者得复为良，与濒死而得更生者，毋虑二三万人，中州人至今称道之"（《元史·释老传》）。当时，河北一带蒙金交兵，数以万计的百姓投归全真门下以求避难。丘处机乘势在燕京一带设立了长春、灵宝、平安等八会以收纳和管理教众。丘处机不禁感叹："千年以来，道门开辟，未有如今日之盛！"（《北游语录》）

公元1227年，回燕京后的第三年，丘处机仙逝于燕京长春宫。丘处机去世后，其弟子尹志平执掌教门，丘处机西行见驾的经过则由弟子李志常撰成《长春真人西游记》一书，成为反映13世纪中亚历史地理及文化的重要资料。丘处机传世著作有《磻溪集》《大丹直指》《摄生消息论》《鸣道集》等。

（五）大元一统，全真南传

全真道的兴盛不仅吸引了北方的真大道、太一道等道派的融入，而且随着元朝的统一，全真道也借势向江南等地传播。元朝初年，湖北武当山成为全真道的一个重要活动地点，鲁大宥、汪贞常等全真道士入山修道，吸收信徒众多。后经明清两代的发展，武当派成为全真道的一个非常重要的支派。

全真道传入江南后，还将金丹派南宗收入囊中。金丹派南宗是自北宋开始形成的一个以内丹修炼为教旨的道教派别。其丹法源自钟离权、吕洞宾和刘海蟾，与王重阳开创的全真道同源，但以张伯端为开派祖师，另有石泰、薛道光、陈楠和白玉蟾，合称南五祖。

张伯端（984—1082），又名张用成（诚），字平叔，号紫阳，北宋天台人（今浙江临海）。自幼好学，博览儒、道、佛等各类书籍，后在官府中当差数十年。有一天，家里人给他送饭到他的办公处，有几位同事搞恶作剧，偷偷地将其所吃的鱼藏匿到房梁上。张伯端见鱼没了，以为是其奴婢偷走了，便打了奴婢。奴婢蒙冤，自杀而死。几天后，鱼烂虫出，真相大白。张伯端为此懊恼不已，感叹道："积牍盈箱，其中类窃鱼事不知凡几！"一怒之下，将案卷文书纵火烧尽。随即，因"火烧文书"罪，被发配岭南，后至成都，传说遇真人刘海蟾得授金液还丹诀而专心修炼。熙宁年间著《悟真篇》以阐述内丹修炼的理论与方法，后该书成为继魏伯阳《周易参同契》之后的重要道教炼丹经典。年九十九岁仙逝，在元代被尊封为"紫阳真人"，位列全真南宗五祖之首。

石泰（1022—1158），字得之，号杏林，又号翠玄子，南五祖之二。北宋常州（今属江苏）人。常行医济人，不图报答，只要求得救者种植杏树一株，日久杏树成林，人称"石杏林"。相传张伯端蒙冤吃官司，石泰在凤州某酒肆撞见并慷慨解救。张伯端遂收其为徒，传之金丹法诀。著作《还元篇》，据说享寿一百三十七岁。

薛道光（1078—1191），又名薛式，字太源，四川阆中（今四川阆中）人，一说陕西鸡足山人。先出家为僧，法号紫贤，又称毗陵禅师。在宋徽宗崇宁五年（1106）冬天，薛道光在佛寺听讲，偶遇石泰，见石泰虽然八十五岁高龄，但鹤发童颜，神气非凡，夜里还能穿针引线，遂觉不是一般人物。攀谈中，始知石泰是张紫阳弟子，遂决意弃僧从道，而得石泰亲授丹诀。著有《还丹复命篇》《丹髓歌》等。

陈楠（？—1213），字南木，号翠虚子，常以泥土加符水，揉成小丸给人治病，故时人又称之"陈泥丸"。惠州博罗（今广东惠州市惠城区）人，曾以箍桶为业，但悟性极高。后师从薛道光，学得金丹法诀，又遇黎姆山神人得《景霄大雷琅书》。金丹派南宗自陈楠开始兼行雷法，常以雷法符箓降魔驱鬼，利物济人，由此信徒始众。宋徽宗政和年间（1111—1118）曾被提拔到道箓院任职，后归隐罗浮山，几年后，又定居长沙，开南宗"清修派"。著有《翠虚篇》《翠虚妙悟全集》《罗浮翠虚吟》等。

白玉蟾（1194—1229），原姓葛，名长庚，字如晦，又字白叟，号海琼子。祖籍福建闽清，生于琼州琼山（今属海南海口市）。南宋开禧二年（1206）春，白玉蟾赴广州参加童子科考试，当时韩世忠任主考官，出了个"织机"的题目，十二岁的白玉蟾现场作诗："山河大地作织机，百花如锦柳如丝。虚空白处做一匹，日月双梭天外飞。"遂得中童子科。但年长之后，因任侠杀人，亡命于武夷，扮作道士流浪。后拜陈楠为师，随之云游各地，并尽得其金丹秘诀。陈楠仙逝后，先游历天下，后隐居著述，致力于丹道传播。南宋嘉定年间（1208—1224）曾被诏征赴阙，命建太乙宫。仙逝后封号为"紫清明道真人"，世称"紫清先生"。著作有《海琼白真人语录》《海琼问道集》《海琼玉蟾先生文集》等。

全真道南传之前，金丹派南宗教团规模小、力量弱，入元后，南宗徒众逐渐投向全真门下，较著名者如李道纯、金志扬、牧常晁、赵友钦、陈致虚等。元代全真道传遍中国大江南北，盛况空前。至元六年（1269），元世祖忽必烈下诏册封全真五祖王重阳等为"真君"，后世尊称"北五祖"，分别是：东华帝君王玄甫、正阳帝君钟离权、纯阳帝君吕洞宾、纯佑帝君刘海蟾、全真开化真君王重阳"。又加封王重阳的七大弟子为"真人"，世称"七真"，即长春演道主教真人丘处机、丹阳抱一无为真人马钰、长真水云蕴德真人谭处端、长生辅化明德真人刘处玄、玉阳体玄广度真人王处一、广宁通玄太古真人郝大通、清净渊真顺德真人孙不二。至大三年（1310），元武宗又加封全真五祖为"帝君"，七真为"真君"，尹志平等丘处机的十八弟子为"真人"。

元朝时期，全真道的迅速扩张必然会与其他教派产生冲突。全真道主张三教圆融，但其根底却在道教，佛儒两家对其主张也没有多少积极响应，三教圆融似乎只是全真道的一厢情愿。金元交替之际，战乱不断，北方各地庙堂寺院凋敝荒废，而全真教徒利用成吉思汗的特许，乘机予以接管、修复或重建。金朝覆亡，蒙古统一北方局势稳定后，在蒙古贵族和西藏佛教势力的扶助下，中原佛教势力又重新振作起来，并试图夺回被全真道占据的寺庙。佛教与全真道的冲突由此爆发。为解决两教之争，在元朝最高统治者主持下，双方以辩论的形式来一决高下。其中，较重要的一场辩论发生在元宪宗八年（1258），佛教一方以少林寺僧人福裕为首，以西藏僧人为后盾；全真道一方以张志敬为首。这场辩论的结果是全真道惨败。参与辩论的全真教徒十七人被当场落发，并被勒令归还所占佛教寺庙二百多所，焚毁《老子化胡经》等伪经及其雕版。第二次辩论发生在元世祖至元十八年（1281），结果以全真道为主的道教一方失败，大量的道教文献被焚毁。这两次辩论的失败，使全真道势力受到打压，从而也更加强调三教一家，以期缓和与儒释两家的矛盾。

（六）明代的全真道

明代，从太祖朱元璋开始，鉴于全真道与元朝曾有那种亲密关系等原因，总体上对全真道不怎么重视。整个明代，全真道士受朝廷册封者较为少见，而大多数全真信徒多迁修于山野江湖，体现出了传统道教无为清修、逍遥遁世的特性。再者，政治上的失宠，也促使其内丹炼养等道术下移传播，以至给明代社会带来更深层的影响。

有明一代，名气最大的全真高道莫过于张三丰。一提张三丰，其传奇轶事，可谓铺天盖地。据《明史·方技传》记载："张三丰，辽东懿州人，名全一，一名君宝，三丰其号也。以其不饰边幅，又号张邋遢。颀而伟，龟形鹤背，大耳圆目，须髯如戟。寒暑惟一衲一蓑，所啖，升斗辄尽，或数日一食，或数月不食。书经目不忘，游处无恒，或云能一日千里，善嬉谐，旁若无人。"可见，其超能神异已见诸正史。对这位极富传奇的高道，明太祖朱元璋曾派人寻访过，但未能如愿。后来，明成祖朱棣派遣给事中胡濙等寻访张三丰于武当山，前后经历十年，也未有所获。也许是为了表达对这位传奇神仙的痴心敬仰，明成祖还在武当山大建宫观。成祖之后的明朝皇帝虽然再没有对张三丰继续寻觅，但改为通过为其加封号以示敬仰。如明英宗天顺三年（1459）即赋予张三丰"通微显化真人"的封号。此后，在成化二十二年（1486）、嘉靖四十二年（1563）和天启三年（1623），张三丰被明朝皇帝分别赐以多种封号。如此，张三丰也从一位传奇的道士逐渐成为连皇家都追慕不已的"活神仙"。

由师承关系看，张三丰应该属于元明之际新出的全真支派。张三丰应该是火龙真人的弟子，火龙真人又是陈抟华山一派的传人，而陈抟一派又与全真道同源。明代官方也把张三丰的弟子王宗道、胡濙等作为全真道派来对待。据说，秦淮豪富沈万三被发配到云南后，与张三丰相遇而拜其为老师，并追随张三丰学道，死后葬于贵州福泉山。

关于张三丰的著述，先是《明史·文翰类》著录有《金丹直指》《金丹秘诀》；清雍正元年，汪锡龄将张三丰丹经、诗文编辑成《三丰祖师全集》；道光年间，李西月又补编成《张三丰先生全书》八卷，保存了明代以来所流传的张三丰的作品。

元代以来，作为全真正宗的"七真"门下各自开派，而以丘处机所开龙门派势力最盛。该派在明代出现了以戒律密传的"龙门律宗"。此宗以丘处机弟子赵道坚为第一代律师，赵传张德纯，张传陈通微，陈传周玄朴，周传张静定和沈静圆。自此，龙门律宗分为张、沈两支流衍。张静定一支，又相继传于赵真嵩、王常月、伍守阳等；沈静圆一支相继传于卫真定、沈常敬、孙守一和黄守圆等。另外，明嘉靖时，崂山道士孙玄清（1517—1569）本为龙门第四代，由于声望很高，自立"金山派"，又称"崂山派"，实属龙门支派。

（七）清代全真"龙门半天下"

清代对全真道虽无崇尚扶持，但采取了比较开放包容的态度。有些清朝皇帝偶尔还给予全真道一定的政策倾斜或封赐。如清初的顺治皇帝曾对全真道受戒传度大开方便之门，康熙帝曾褒奖加封过全真龙门中兴之祖的王常月，雍正帝曾敕封张伯端为"大慈圆通禅现紫阳真人"，乾隆帝曾敕命修葺北京白云观，并行幸赐联褒赞丘处机，道光帝也曾加封过五祖之一的吕洞宾。

清初，全真道一度出现中兴之象，推动此中兴局面到来的则是全真道龙门律宗第七代律师王常月。王常月（？—1680），原名平，法名常月，号昆阳子，潞安府长治（今山西长治）人。年幼喜读《老子》《庄子》之书，生于明末乱世，慨然有出尘之心。

迨及弱冠，遍游名山，参求大道；中年时在王屋山拜全真龙门律宗六祖赵真嵩（名真嵩，号复阳）为师，若干年后得受"天仙大戒"。全真龙门派，自祖师丘处机开始，仿照佛门沙弥、比丘、菩萨三戒制度，参合全真戒律，制定了包含初真、中极、天仙三级的"三坛大戒"。但在王常月之前，此"三坛大戒"只能秘授单传。王常月在云游过程中，深感"玄风颓蔽，邪说流行"，常以光复全真祖风为念。清初，王常月北上京师，先挂单于灵佑宫。当时，全真祖庭白云观遭明末战乱，残破荒芜，仅有一姓俞的信士留居其中。经俞信士的邀请，王常月遂从灵佑宫移居白云观任住持。在取得清廷支持后，王常月一改三坛大戒秘授之旧制，而公开传戒。顺治十三年（1656）三月，"奉旨主讲于白云观，赐紫衣凡三次，登坛说戒，度弟子千余人"（《白云观志·昆阳王真人道行碑》）。一时间，南北道流赴京求戒者纷至沓来。

康熙年间，王常月又率邵守善、詹守椿等弟子南下，在南京隐仙庵、杭州宗阳宫、湖州金盖山、湖北武当山等地收徒传戒，南方皈依者甚众。由此，以龙门派为代表的全真道在清初又走向了复兴。王常月则被誉为"中兴之祖"。康熙十九年（1680），王常月仙逝，康熙帝敕赠"抱一高士"。王常月著有《钵鉴》五卷、《初真戒律》一卷、《碧苑坛经》（又名《龙门心法》）两卷。

"临济、龙门半天下"，王常月之后至清末，全真龙门支派繁盛，宫观庵院及门徒信众遍及中国东西南北各地，其盛况可与佛教临济宗相比肩。

三、全真道的修行方式

全真道主张心性开悟、内丹修炼，与此相适应形成了若干有别于传统道教而极富自身特色的修行方式，如乞化、坐钵、云游、战睡魔和打尘劳等。

（一）乞化

乞化是全真道初创时期普遍采用的一种生存和修行方式。王重阳出关中到胶东半岛传教即是以乞化的方式实现的，据马钰讲："祖师尝到登州，时顶笠悬鹑，执一筇，携一铁罐，状貌奇古，乞于市肆，登州人皆不识。"（《丹阳真人语录》）

几年后，王重阳带领马、谭、刘、丘四大弟子返回关中时也以乞化为生。马钰的《渐悟集》中就收录了一首描写师徒行至金都南京（今河南开封）时乞化的诗："穿茶坊，入酒店，后巷前街，日日常游遍。只为饥寒仍未免。度日随缘，展手心无倦。愿人人，怀吉善，舍一文钱，亦是行方便。休知山侗无识见。内养灵明，自有长生验。"

全真道的初创者们为什么采用乞化方式？据王重阳所说："修行助饥寒者，唯三事耳：乞觅上，行符中，设药下。"（《重阳全真集》）可见，王重阳是把乞化当作修行和维持生存的上乘方式。其理由是，乞化对于心性修炼意义重大。这是通过忍辱达到消除修行者心中存在的我相。如乞化对出身富有的马钰是一件很难为情的事，但在拜师后，王重阳为锻炼他，专门让他去乞讨。结果，马钰左思右想就是不愿意去，王重阳一怒之下责打了他一个晚上，幸亏丘处机求情劝阻才罢了。王重阳去世之后，马钰掌教期间，颁布了《丹阳真人十劝文》，其中第八劝规定："八劝不得学奇怪事，常守本分，只以乞化为生，不惹纤毫尘劳。"如此，乞化便成为早期全真道徒规定性的生存与修炼方式，是前几代全真弟子都认真遵循过的。元朝时，全真道得到朝廷的支持后，生存状况大大改善，这种乞化的修行方式便逐渐被取代了。

（二）坐钵（坐环）

坐钵，又称坐环。坐即打坐或静坐，钵即钵堂或钵室，环即环堵。"环堵者，中起一屋，筑环墙环之，别开小牖以通饮食，使人供送也。绝交友，专意修行。"（《修真十书·盘山语录》）可见，坐钵或坐环的本义是指一种人们在环堵、钵堂之类的专用场所中以静坐为主的修行方式。坐环者，一般称为"坐环先生"。据学者考证，这种修炼方式在北宋时已存在，金代民间则颇为盛行。全真道在创传初期即吸收了这种修行方式，如马钰在终南祖庭修行时，"居环堵中，但设几榻、笔砚、羊皮而已，旷然无余物。早晨一碗粥，午间一钵面，过此以往，果茹不经口"（《丹阳真人语录》）。后来，随着全真道的发展，这种坐钵修行方式也走向规范化和制度化。

根据陆道和《全真清规》记载，明代全真道士的坐钵时间是自每年的农历十月初一至来年的正月中旬，历时共计百日。由主钵和副钵负责监督执行,对犯规者要进行惩罚:"钵有动静,动则许容徐徐运动,静则不然。如有神昏点头,摇撼身屈,主钵先行巡牌,以牌挂在昏者身上,三击而退。然后轻轻取牌,徐徐起身,巡究他人后犯者替。或钵未终,钟未鸣,静牌未换,无故出入,语话动摇,不依规矩者,并行责罚。"

坐钵期间,每天寅时洗漱后朝真礼圣,卯时赴斋,辰时混坐,巳时静钟三通后,开始静坐练功;午时赴斋,未时混坐,申时又如前入静练功;酉时晚参,戌时混坐,饮食茶汤,亥时入静练功;子时由主钵引领歌咏诗词,以驱睡魔;丑时可自由活动。

如此规范有序的坐钵制度,既是全真道最主要的修炼项目,也是道士们获得特殊宗教体验和达到一定功力的手段。明初有位高道的坐钵体验是:"百日内磨炼心中无丝毫尘翳,要节饮食,薄滋味,敌战睡魔,调息绵绵,精神内守,入希夷域、无何有乡。若得湛兮若凝,久久自然结就虚无灵胎,可以保养。若养成至宝,方可调神出壳,从近至远,往来纯熟,要住则随缘,要去则脱壳矣。"(何道全《随机应化录》)

(三)云游

云游,或称远游、游历,也是自早期全真道开始就倡导的一种修行方式。王重阳自关中远游到胶东半岛传教并取得成功,是这种修行方式的实践者和得益者。其四大弟子马、谭、刘、丘远离家乡,传教于陕西、河南也是在践行云游。丘处机掌教后率十八弟子西行见成吉思汗,更是一种史诗般的云游。后来,出自明代的《全真清规》还把云游参访作为全真教徒一门必修课。全真道重视云游的原因何在？王重阳《重阳立教十五论》中的第二论即对此做了说明："凡游历之道有二：一者，看山水明秀，花木之红翠，或玩州府之繁华，或赏寺观之楼阁，或寻朋友以纵意，或为衣食而留心。如此之人，虽行万里之途，劳形费力，遍览天下之景，心乱气衰，此乃虚云游之人。二者，参寻性命，求问玄妙，登巇崄之高山，访明师之不倦。渡喧轰之远水，问道无厌。若一句相投，便有圆光内发，了生死之大事，作全真之丈夫。如此之人，乃真云游也。"

后来，马钰有首词《满庭芳》透露出了云游之妙："道家活计，坦荡蓑衣，住行坐卧相宜。悟彻清贫快乐，绝尽狐疑。生涯逍遥自在，水云游、海角天涯。无系绊，纵闲闲来往，有甚归依……"

道法自然，顺从自然，向自然学习是道家、道教的一贯主张和传统。全真道的云游修行，即是行自然之教，体悟、欣赏、效仿自然之精神的一种方式。对此，郝大通弟子王志谨在《盘山语录》中讲："汝岂不见许大虚空，及天地、日月、山水、风云，此不是眼前分明见得底，便是修行底榜样，便是入道底门庭也。且如云之出山，无心往来，飘飘自在，境上物上，挂他不住，道人之心亦当如此。又如风之鼓动，吹嘘万物，忽往忽来，略无滞碍，不留景迹，草木丛林碍他不住，划然过去，道人之心亦当如此。又如太山，巍巍峨峨，稳稳当当，不摇不动，一切物来触他不得，道人之心亦当如此。又如水之为物，性柔就下，利益群品，不与物竞，随方就圆，本性澄淡，至于积成江海，容纳百川，不分彼此，鱼鳖虾蟹，尽数包容，道人之心亦当如此。又如日月，容光必照，公而无私，明白四达，昼夜不昧，晃朗无边，道人之心亦当如此。如天之在上，其体常清，清而能容，无所不覆；地之在下，其体常静，万有利而一不害，道人之心亦当如此。又如虚空广大，无有边际，无所不容，无所不包，有识无情，天盖地载，包而不辨，非动非静，不有不无，不即万事，不离万事。有天之清，有地之静，有日月之明，有万物之变化，虚空一如也，道人之心亦当如是。道同天地，其用若此，常体其中，工夫到日，自然会得，动用合道，自有主者。"

（四）战睡魔

战睡魔，又称战睡、炼睡，即在晚间克服睡欲，强忍不眠。据文献资料显示，此修行方法应当始自全真七子之一的丘处机。王重阳去世后，丘处机栖隐关中磻溪、龙门很多年。此间，丘处机的苦修生活是"日中一食，歉而不饱，夜历五更，强而不眠。除涤昏梦，剪裁邪想。常使一性珠明，七情冻释"（《清虚子刘尊师墓志铭》）。当时，丘处机战睡魔的目的是去除晚间的昏梦和邪想，以纯化心性。后来，丘处机把他战睡魔的修行方式传给了他的弟子们。如其弟子尹志平曾谈到过战睡魔的经历："吾在山东时，亦尝如此，稍觉昏倦，即觅动作，日复一日，至二十四五日，遂如自然，心地清爽。"（《北游语录》卷一）对之所以要战睡魔，尹志平给出的解释是:"修行之害,三欲为重(食、睡、色),不节食即多睡,睡为尤重,情欲之所自出。学人先制此三欲,诚入道之门。"(《北游语录》卷一)可见,尹志平已经把战睡魔作为入道之法门。

元明时期的全真道文献《性命圭旨》中讲:"练心未纯,昏多觉少。才一合眼,元神离腔,睡魔入舍。以致魂梦纷飞,无所不至。""修道易,炼魔难,然色魔、食魔易于制伏,独有睡魔难炼。"此处是把睡眠看作干扰心性修炼的最大障碍,且以"睡魔"称之。

除尹志平外,全真龙门派弟子中,还有的甚至十几年,或几十年"胁不沾席",如李志明、于志可等。另外,刘长生门下的于离峰为战睡魔,还曾经通宵绕城长跑。当然,从现代医学、生命科学的角度看,睡眠是人类生存必不可少的一种自然行为,所以全真道的这种战睡或炼睡的修行方式肯定有其不科学的一面。同时,我们应该注意到,全真道的这种战睡魔并非单纯地取消睡眠,而是既有宗教信仰的精神支撑,又有诸如打坐、导引、行气、存神、内丹等多种功法相配套,所以有的道士才能做到几十年"胁不沾席"。

(五)打尘劳

"尘劳"一词,本来是金元时期社会上的一种俗语,泛指包括生产劳动在内的各种日常事务。"打尘劳",就是应对各种日常事务。后来,全真道把"打尘劳"纳入其心性修炼的范畴。

在全真道开创初期,教徒们多靠乞化或别人施舍维持生计,其他世俗性事务不多。但自丘处机西行觐见成吉思汗归来之后,在蒙古贵族的支持下,全真道进入一个飞速发展时期。不仅大量的宫观庵堂及田产需要打理,而且与三教九流来往的应酬也忙不胜忙。如此,必然与全真道主张的清修内炼形成了矛盾。在新形势下,丘处机及其弟子们就提出了内炼心性和外应世缘相结合的主张,"打尘劳"也随之被赋予了一定的心性修炼价值。如《北游录》记载,丘处机曾讲:"学道之宾主,不可不明也。学道是主,万缘皆宾。凡与缘接待,轻重尘劳,一切功行,皆是求道之资,无有不可为者,惟不可有所着,一有所着则失其正矣。"这里,丘处机是把"尘劳"看作求道之资本,但打尘劳时,却要注意切勿贪恋之,否则,就舍本逐末了,所以要做到"事毕,一皆忘之,复其学道之性"。丘处机还是打尘劳的积极实践者,《北游录》中记载他"尝应人谈说俗话,连日不止。外人初听者,无不疑讶。当时大有尘劳,师父一一亲临,至于剥麻之事亦为之"。丘处机之所以亲临尘劳,因为他认为"凡百尘劳之事,随动随作,劳而不辞,已既未免日食,尘劳事亦未可免,此功行岂肯教人夺却?"也就是说,丘处机是把打尘劳看成如同每天吃饭一样自然而别人无法代替的"功行"。

全真道把打尘劳纳入其心性修炼的法门之一的做法,不仅解决了二者存在的矛盾,而且还为全真道改变寄生传统,建立自给自足的宫观经济,形成良好的社会形象起了重要作用。

四、全真道的教义特点

（一）倡导三教合一：儒门释户道相通，三教从来一祖风

三教合一是全真道自祖师王重阳开始就一直高标的思想主张。

王重阳认为："三教者，如鼎之三足，身同归一，无二无三。三教者，不离真道也，喻曰：似一树生三枝也。"（《金关玉锁诀》）"儒门释户道相通，三教从来一祖风。""心中端正莫正邪，三家收来做一家。""满座谈开三教语，一杯传透四时春。"这些诗句也是王重阳三教合一思想主张的写照。在实践上，他在胶东半岛组织创立的全真道早期民间组织，也大都打着三教合一的旗号，如"三教金莲会""三教七宝会"等。在尊崇方面，不独尊道教教主老子，而是连同释迦牟尼和孔夫子一起崇拜，所谓"太上为祖，释迦为宗，夫子为科牌"（《金关玉锁诀》）。劝导信众所读经书中，除了道教的《道德经》《清静经》，还有佛教的《般若波罗蜜多心经》和儒家的《孝经》等。

王重阳去世后，其弟子马钰、丘处机等也一直是三教合一论的倡导者。如马钰曾讲："虽有儒生为益友，不成三教不团圆。"丘处机诗中云："儒释道源三教祖，由来千圣古今同。"全真道南宗之开派祖师张伯端也认为"教虽分三，道乃归一"。南宗五祖白玉蟾说："道、释、儒门，三教归一，算来平等肩齐。道分天地，万化总归基。"

三教合一，一归何处？即三教的共性是什么？元初全真道士李道纯的《中和集》中认为：

> 道之有物混成，儒之中和育物，释之指心见性，此皆同工异曲，咸自太极中来。
>
> ……
>
> 释曰圆觉，道曰金丹，儒曰太极，所谓无极而太极者，不可极而极之谓也。释氏云：如如不动，了了常知。《易·系》云：寂然不动，感而遂通。丹书云：身心不动，以后复有无极真机。言太极之妙本也。是知三教所尚者，静定也，周子所谓主于静者也是也。
>
> ……
>
> 释云：不思善，不思恶，正恁么时，那箇是自己本来面目，此禅家之中也。儒曰：喜怒哀乐未发谓之中，此儒家之中也。道曰：念头不起处谓之中，此道家之中也。此乃三教所用之中也。

可见，李道纯认为儒释道三教皆本于"太极"，太极之性在于"静"，表现在人的修为上则强调一个"中"。另外，许多全真高道认为，三教的共性在于一"心"，即三教都强调对人心性的治理。如北宋张伯端讲："千言万语，三教经书，诸子百家，汗牛充栋，无非治心一法。"（《悟真篇》）元代陈致虚认为："天下无二道也。昔者孔子曰：恭乎吾道，一以贯之。老子曰：万物得一以生。佛祖云：万法归一，是之谓三教之道一者也。圣人无两心。佛则云明心见性；儒则云正心诚意；道则云澄其心，而神自清。语殊而心同，是三教之道，惟一心而已。然所言心，却非肉团之心也。当知此心，乃天地正中之心也；当知此心，乃性命之原也。是《中庸》云：天命之谓性。《大道歌》云：神是性兮气是命。达摩东来，直指人心，见性成佛，是三教之道，皆当明性与命也。"(《金丹大要》)清代李西月认为："三教无不从心性上著实用功，以各造其极，是以千百年鼎峙于古今，所谓殊途同归也。"(《道窍谈》)

最后，需要指出的是，全真道倡导的三教合一，是以道教为本位，援佛入道，援儒入道。唐宋以来，佛之禅宗、儒之理学逐渐兴盛，道教相对式微，所以全真道倡导三教合一，既有利于抬高自身地位，也可减少与佛、儒两家的冲突。全真道的三教合一观点，对其佛教方面表现冷漠，但其对民众的影响力还是不可低估的。这也是全真道之成功所在。

（二）强调出家修行，出世思想浓厚

全真道汲取了佛教六道轮回、有生皆苦等说教，一方面极力否定人的现实价值，另一方面又渲染人生的无常与短暂，把人世间看成是受苦难煎熬的火宅，以此劝导人们出家修行。王重阳为普通人死后打造了一个地狱世界："酆都路，定置个凌迟处，便安排了铁床、镬汤、刀山、剑树。造恶人有缘觑。鬼使勾名持黑簿。没推辞，与他去。早掉下这骷髅，不藉妻儿与女，地狱中长受苦！"(《重阳全真集》)马钰的《养家苦》生动描述了士农工商行各行各业的艰辛不易，而其结果是："养家苦，镇常忙，忙来忙去到无常。作阴囚，住鬼房。"(《渐悟集》卷上)刘处玄则把人们对恩亲的眷恋看作一害，"恋恩亲，恩生害，死难逃。气不来，身卧荒郊。改头换面，轮回贩骨几千遭。世华非坚如石火，火宅囚牢"(《仙乐集》卷四)。

全真道把人世打造成苦海的目的是要人们放弃对人间幸福的追求，转而学道炼丹，以图天上之"至乐""真乐"，如丘处机所言："人间声色衣食，人见以为乐，此非真乐，本为苦耳……殊不知天上至乐，乃真乐耳。"(《玄风庆会录》四)

佛教讲众生皆有佛性，全真道则宣扬人人皆可成仙。"凡有七窍者，皆可成真"，"畜生饿鬼，皆堪成佛"(《长春祖师语录》)。对内丹之道，陈致虚《金丹大要》中讲："至简至易，一得永得，得其口诀，虽至愚小人，直跻圣位。"正是出于这种浓厚的出世思想，后来全真道形成了道士必须出家住宫观修行和不蓄妻室的传统和制度。

(三)反对肉身不死，主张性命双修

传统道派，往往追求肉体飞升，即身成仙，而全真道则认为人的肉体是要死的，不死的是人的"真性"或"阳神"，"唯一灵是真，肉身四大是假"(《金关玉锁诀》)。"欲永不死而离凡世者，大愚不达道理也"(《立教十五论》)，"万形至其百年则身死，其性

不死也"(《至真语录》),"吾宗所以不言长生者,非不长生,万超之也"(《丘祖语录》)。全真道汲取佛教禅宗的明心见性说,并提出了性命双修的内丹修炼主张,所谓"炼丹之要,只是性命两字。离了性命,便是旁门。各执一边,谓之偏枯"(《中和集》)。

何谓性、命?历来有多种解释。一般认为"性"即心性,"命"即生命。李道纯的说法是"夫性者,先天至神,一灵之谓也。命者,先天至精,一气之谓也。精神,性命之根也。性之造化系乎心,命之造化系乎身"(《中和集》)。全真道南北两宗都主张性命双修,但方法步骤有差异。以王重阳为开派祖师的全真道北宗,主张先修性后修命,且以修性为主。"主者是性,宾者是命"(《重阳授丹阳二十四诀》),"吾宗惟贵见性,而水火配合其次也"(《丘长春祖师语录》)。与之相反,以张伯端为首的南宗则主张先修命后修性。对此,清代道士刘一明的解释是:"古真云:'性命必须双修,功夫还要两段。'盖金丹之道,一修命,一修性之道。修命之道,有作之道,修性之道,无为之道。有作之道,以术延命也;无为之道,以道全性也。……故金丹之道必先有为,于后天中返先天,还我本来命宝。命宝到手后,不为造化所移,于是抱元守一,行无为之道,以了真空本性,直超最上一乘之妙道矣。"(《悟真直指》)

相传张伯端与一僧人约定同游扬州观赏琼花。这位僧人能入定出神,数百里间说到就到。两人同在一室打坐,都出神以游扬州。当张伯端神到扬州时,僧人之神已先到,而双方各折一朵琼花作为验证。二人神游结束后,僧人取不出琼花,而张伯端却有琼花玩于手中。后来,弟子问:"彼禅师者,与吾师同此神游,何以有折花之异?"张伯端解释说:"我金丹大道,性命兼修,是故聚则成形,散则成气,所至之地,真神见形,谓之阳神。彼之所修,欲速见攻,不复修命,直修性宗。故所至之地,人见无复形影,谓之阴神。"

这则故事之真伪暂且不论,但从中可见全真道对佛教禅宗之心性说并非完全照搬,而是有所创新。对二者的区别,赵道一认为:"道家以命宗立教,故详言命而略言性;释氏以性宗立教,故详言性而略言命。"(《历世真仙体道通鉴》卷四十九)

(四)赞同纲常名教,尤重忠君孝亲

全真道一方面倡导出家修行,另一方面又较为认可封建纲常名教,尤其是重视忠与孝。在王重阳的《金关玉锁诀》中已经将"忠君王"和"孝顺父母师"作为修炼内丹的前提条件。后来,马钰的《立誓状文》也规定将"遵依国法"作为入道的先决条件。对在家修道的信徒,王重阳劝他们应该"与六亲和睦,朋友圆方,宗祖灵祠祭飨,频行孝、以序思量"(《重阳全真集》卷三)。对官员修道者,作为全真七子之一的谭处端给出的劝诫是"为官清政同修道,忠孝仁慈胜出家。行尽这般功德路,定将归去步云霞"(《水云集》卷一)。元代时,理学家的纲常名教思想更加深入社会,以至于当时的全真高道陈致虚认为"金丹之道,先明三纲五常,次则因定生慧"(《金丹大要》卷九)。这是把通晓三纲五常当

作了修炼内丹的先决条件。

全真道对封建纲常名教的认可和对忠孝的倡导，自然是其时代局限性的一种反映，但这一点对缓和与统治者及当时社会的矛盾起到了很大作用。从而为全真道适应当时社会，成为很有生命力的宗教创造了条件。

第十章
道教与科学

一、道教与科学的关系

　　道教与科学（包括技术）发生重要关系，对这个问题的认识说起来比较曲折。我们知道，西方文艺复兴后最重大的成就是产生了近代科学。明清之际，西方传教士最先将西方科学介绍到中国，同时大量搜集有关中国各方面的情报。可以说，当中国人对"科学"还一无所知的时候，西方人已经在研究中国科学技术了。1688年，法王路易十四派遣的五名"御前数学士"身兼科学院院士以传教士的身份来到中国，负责向法国科学院搜集有关中国数学、天文学、医药学、矿物学、植物学、地学知识等情报。当然，早期西方汉学家研究中国相对多偏向文史，涉猎科学技术还是比较少，因为在西方人眼中，中国本无所谓"科学"。直到很多年后，这种状况才出现转机。

　　20世纪初年，美国传教士丁韪良（W. A. P. Martin）在

《汉学菁华》(*The Lore of Cathay,* New York, 1901)一书中用很多篇幅讨论了中国和欧洲的炼丹术，首次提出中国是这门学问的真正发祥地。几乎同时，英国的翟理斯（Herbert A. Giles）在《中国与中国人》(*China and The Chinese,* New York, 1902)中认为，中国的炼丹术是从希腊经大夏传入的。随后，美国加利福尼亚大学的约翰逊（Obed Simon Johnson）于1925年完成其博士论文《中国炼丹术研究》(*A Study of Chinese Alchemy,* 1928年上海商务印书馆出版，1937年又出版中译本），这是关于中国炼丹术研究最早的一部专著。在这部篇幅不长的著作中，尽管作者对炼丹术甚至道教有诸多错误认识，但提出了两个非常有价值的观点：一是中国炼丹术起源于本土道教，并对中国古代科学技术影响巨大；二是西方炼丹术受到中国炼丹术的强烈影响。直至今日，炼丹术与中国古代科技之关系问题仍然是炼丹术研究的核心内容，后者则基本形成共识。

在西方学者的启发下，很多中国知识分子出于增强民族自尊心的原因，开始注意中国科技史研究，当时一批留学返国的学者如丁绪贤、张子高、王琎、章鸿钊等人成为中国化学史研究的最初开拓者。尤为可贵的是，这些学者最初便意识到道教炼丹术的科学史价值，并使其成为化学史及科技史研究的重要组成部分。至三十年代时，中国留美学生吴鲁强、赵云从、陈国符等协助美国麻省理工学院的戴维斯教授（Tenney L. Davis）研究中国炼丹术，国内学者如曹元宇等亦取得重要成绩。当然，总的来看，民国时期中国炼丹术的研究规模较小，且基本上局限在化学史的领域内。

1931年，曲继皋与顾颉刚一起在青岛崂山太清宫读《道藏》，曲继皋因撰《道藏考略》。书曰："自汉以来，举凡方士之道术及一切占卜星纬之法皆并入道教之中，故《道藏》之书虽形繁多，而驳杂乃不可论"，极言"《道藏》里面的烧铅炼汞，医药，技击，无往而不是科学，就是从前方士所玩的那一些把戏，也逐渐可以拿科学来证明的"。力倡研究道藏中的科学技术。1935年，林语堂所著 My Country and My People（汉译《吾国与吾民》或《中国人》）一书中，言简意赅地提出："道教是中国人力图发现自然奥秘的一种尝试。"

1949年以后，中国化学史研究得到很大发展，之前于炼丹术研究已取得成就者如曹元宇、袁翰青、张子高、陈国符等继续致力于此，出现了袁翰青《中国化学史论文集》、张子高《中国化学史稿（古代之部）》等重要著作。尤其是陈国符以治《道藏》享誉海内外，继《道藏》研究开山之作《道藏源流考》之后，又专研外丹黄白术，其成果汇集于1983年台湾明文书局出版的《道藏源流续考》一书中，他在外丹经典籍考证方面所取得的成就至今无出其右者。20世纪八十年代以来，现代科技手段尤其是模拟实验方法在炼丹术研究中得到较大推广，虽然这种方法出现得很早，但得到广泛应用却是在此时。王奎克、孟乃昌、赵匡华等学者用这种方法澄清了很多技术难题，用科学手段证明了炼丹术中蕴含的科学技术成分，极大地推进了炼丹术与科学技术的研究。

与此同时，海外道教与科学技术研究取得了更大的成就与影响，这里不能不说到英国学者李约瑟。李约瑟本来为剑桥大学一位深具发展潜力的生物化学家，正当他的事业取得重要成就被选为皇家科学院院士的时候，由于受到鲁桂珍等几个中国留学生的影响，他对中国文化产生了巨大兴趣，这种兴趣大到促使他放弃了自己的专业而决心研究中国科学技术史，这便是大型多卷本巨著《中国科学技术史》（英文名 *Science and Civilisation in China*）写作动机的由来。他利用二战时期到中国工作的机会搜集了大量资料运回英国，从此便沉溺于其中，乐不思蜀。自1954年《中国科学技术史》第一卷《总论》出版至1995年李约瑟逝世，该书出版七卷共三十多册的计划仍未全部完成。尽管炼丹术部分是李约瑟研究的重要内容，然而他在考查道教科技的时候目光大大超越了炼丹术的范畴，将道教科技史的研究范围极大拓展。他这样做不足为奇，因为在李约瑟的眼里，道家思想是中国科学和技术的根本，他有一段流传很广的话："道家哲学虽然含有政治集体主义、宗教神秘主义以及个人修炼成仙的各种因素，但它却发展了科学态度的许多最重要的特点，因而对中国科学史是有头等重要性的。此外，道家又根据他们的原理而行动，由此之故，东亚的化学、矿物学、植物学、动物学和药物学都起源于道家。"（李约瑟所说的道家包括道教与通常所说的道家，引文见李约瑟《中国科学技术史》第二卷科学思想史中译本，科学出版社、上海古籍出版社1990年版。)

李约瑟的研究在海内外产生很大反响，更多的学者致力于此。1975年卡普拉（Fritjof Capra）著 The Tao of Physics（《物理学之道》），探讨东方各种文化同现代物理学的思想的内在联系，而用"道"（Tao）字名其书，指出："道家最重要的洞见之一就是认识到变化与变迁乃是自然的本质特征。"但并非所有的人都像李约瑟那样乐观。胡适早在二十世纪三十年代就说过"其实整部《道藏》就是完全贼赃"的话[1]。这种观点的出现不足为奇，颇能代表一部分人。因为即使在古代大部分时期，道教都是处于民众中的非正统文化。李约瑟的合作者之一、美国学者席文（Nathan Sivin）有着与胡适相似的论断，但他与胡适不同，而是对炼丹术有着相当的研究，他说："没有证据表明在 Taoism 与科学之间存在任何普遍的和必然的联系。……无论我们考虑道的哲学还是宗教，这一点都是成立的。"（Taoism and Science, in Nathan Sivin, *Medicine, Philosophy and Religion in Ancient China. Researches and Reflections*）1996年，台湾地区的杂志 *Taiwanese Journal for Philosophy and History of Science* 第5卷第1期以整期篇幅发表由俄籍学者阿列克赛·沃尔科夫（Alexei Volkov）特约编辑的4篇论文，集中讨论14世纪全真道士赵友钦与中国古代科学的关系。其中阿列克赛·沃尔科夫在《科学与道教导论》

---

[1] 见胡适《陶弘景的真诰考》，载《庆祝蔡元培先生六十五岁论文集（下）》，中央研究院历史语言研究所1992年影印版。

一文中，以赵友钦为例反驳席文的论点。赵友钦是元代全真道重要人物陈致虚的老师，著有《仙佛同源》《金丹正理》和《金丹问难》等，但其《革象新书》则具有很高的天文学和物理学水平。沃尔科夫在文中说："科学同它更为普遍的社会和知识背景之间的关系，要比李约瑟和席文所设想的更为微妙而复杂得多。不幸的是，在那些罕见的现存资料中比我们所愿看到的更为晦涩。"(Science and Daoism: An Introduction. In *Taiwanese Journal for Philosophy and History of Science*, 1996, Vol.5, No.1) 可以看出，对道教与科学关系的讨论不仅超越了国界与文化圈，而且已经形成各家持论相争的形势。

正常的学术争论必定会推动研究的理性发展。二十世纪以来，无论是中国科技史研究领域还是道教研究界，均将道教与科学技术关系问题纳入视线，突破了以往炼丹术研究单线进行的窘况，使得道教与科学技术的研究在许多领域内展开，并出现很多重要成果，其中最具代表性的是《中国道教科学技术史》的编撰出版。该书系多卷本成果，由中国科学院席泽宗院士担任名誉主编，姜生、汤伟侠任主编，撰写人员汇集了国内外众多专家，其"汉魏两晋卷"和"南北朝隋唐五代卷"分别于2002年、2010年由科学出版社出版。该书全景式考察道教与中国古代科学、技术和医学等诸领域的关系，在概念上拓展了科学的范畴，扩大了道教科学技术史的研究对象，使得道教科技史这一研究领域逐渐拓宽。

二、道教科技成就概论

《正统道藏》是明代编撰的一部道教文献总集,汇集了当时存世的几乎所有道教文献,因此它是研究道教科技史最重要的资料。当然《道藏》中亦收录有一些非道家或道教的文献,如在中国古代科技史上占有重要地位的《墨子》,研究《道藏》中的科技成就时一般将这部分内容排除在外。《道藏》是中国古代科学技术史研究领域中最后一个待突破的巨型堡垒,它犹如一片金矿,经过许多人的辛勤劳作已淘炼出璀璨的黄金,但仍有相当大一部分未得到开发,因而此处仅能作管中窥豹之论。

《道藏》所包含的科技史料范围非常广泛,包括理工医农等众多大学科,其中化学及相关技术是最早引起人们注意的部分,这主要体现在炼丹术的研究方面。炼丹术确切地说应该称为金丹术,有时又称为外丹术,它包括炼丹与黄白(金银)两部分内容。炼丹术发端于战国时期,正式出现一般认为是在西汉,唐代最为鼎盛,之后一直延续至明清之际。《道藏》中保存了大量的外丹经,对中国古代化学史研究而言,任何一部外丹经都不能被忽视。中国炼丹术由于其光辉成就被西方学者称为现代化学的先驱。在长时期的发展过程中,炼丹术中产生了一大批领先于当时西方的科技成果。如中国古代四大发明之一的火药实为炼丹术的产物,后来被用于军事、工业等领域,对世界文明进程产生了重大影响;

"胆水炼铜"被称为现代湿法炼铜的前身,其原理及技术于炼丹术中得到认识与发展,在两宋时期的冶铜部门中得到大规模推广,成为当时炼铜生产的主要技术,盛极一时;在炼丹过程中,炼丹家们对百余种金石矿物的物理化学性质、产地等有相当科学的认识,并在实践过程中对汞化学、铅化学、砷化学、合金化学等做出了突出贡献,先后发明了多种抽砂炼汞法、各种铅化合物的制备法等,最早炼制出单质砷,发明了铜砷合金及其配方、铜锌合金、各种汞齐(汞与金银铅锡铜等的合金)、铅锡合金等,其中许多技术被社会所采用。在这个过程中,炼丹家们培育了宝贵的科学精神,最突出的便是比较科学的实验方法,可以说丹房便是早期的科学实验室,正是在实验室里,炼丹家们对多种物质之间的化学反应关系、质量守恒定律、物质转化规律等有了初步认识。这些理论、技术传至西方,对现代化学的产生做出了难以估量的贡献。

在物理学及相关技术方面,道教虽然没有取得如化学那样系统的成就,但同样辉煌卓著,主要体现在天学、漏刻计时技术、气象学、光学等多方面。天学是中国古代最系统、最发达的传统科学之一,古人相信天体运动是天命和天道的直接体现,对天与天体的观测和研究则是窥视天命、把握天机的重要途径,因而天学于政治而言具有特别重大的意义,由此之故,民间的研究行为往往受到严格控制。然而道教的宗教特征决定了它具有研习天学的传统,因而中国古代天学有官、民两个分支——官在司天监,民在道教。关于道教天学，目前缺少系统研究成果，个别研究涉及《道藏》中收录的《淮南子》对天地起源与盖天说的系统论述等。不过研究道教天学必须超越《道藏》中的材料，如隋唐道士丹阳子的《步天歌》一书非常重要，它是天文学三垣二十八宿体系创立的标志。历代官方天学亦与道教有密切关系，许多官员就有深厚的道教背景。另外，道教中许多法术对时间要求严格，因而发展了漏刻技术，《全真坐钵捷法》即为漏刻技术专著；宋元之际，"雷法"盛行，相应地，道教界对于气象学有了更多研究，出现了《雨旸气候亲机》《盘天经》等气象学著作。此外，由于铜镜作为道教法器长期被用于修炼，因而《道藏》中保存了因此而生的大量光学史料。

地学成就主要体现在地理学与矿物学方面。由于道教对山岳的崇拜以及修炼需要，《道藏》中保存了十余种宫观山志，如《洞天福地岳渎名山记》《岱史》《西岳华山志》《南岳小录》《南岳总胜集》《茅山志》《天台山志》《武当福地总真集》等，另外还有综合性的历史、地理著作《长春真人西游记》等，其中保存了大量对中外地理的实地观察研究成果。不仅如此，由于道士修炼或炼丹多于山中进行，这就需要把握山区的地理特征和资源分布，由此道教中更产生出像《五岳真形图》这样的地图学专著。以上地理著作对研究自然地理、人文地理均具有重要参考价值。矿物学的成就主要在炼丹术方面，炼丹家千百年来遍采金石，对百余种金石矿物的产地、性状、功能等均有详细认识，如《金石簿九五数诀》《大洞炼真宝经九还金丹妙诀》《丹方鉴源》《黄帝九鼎神丹经诀》等均有此方面的系统成果，其中包括许多对域外矿物的认识。目前所知，医学对道教矿物药成就吸收最多，于古代矿业开发影响情况尚无研究。不过总的说来，道教矿物学方面目前尚缺少系统研究。

　　道教的冶铸技术突出表现在两方面，一为种类繁多的实验设备，二为较为独特的铸造技术。炼丹术早期所用设备比较简单，许多丹釜甚至用泥土烧制。唐宋时期，出现了形形色色的金属设备，如各种水火鼎、既济式丹炉、未济式丹炉、飞汞炉等均是精致的仪器，《道藏》中所辑《丹房须知》《金华冲碧丹秘旨》《修炼大丹要旨》等丹经中有关仪器图像资料相当丰富。由于炼丹仪器绝大多数均在专业范围内使用，因而只能由道士自己制作。搞清楚这些仪器发展的历史脉络及其制造技术，对于铸造技术史研究无疑是相当重要的，曹元宇、李约瑟、陈国符等均有研究成果可供参考。然而遗憾的是，大多仪器目前仅能在其形制上加以考察，其详尽发展脉络及具体的制造技术因资料缺乏而不甚清楚，像《神仙炼丹点铸三元宝照法》这类详细记载铸造技术的专著极为罕见。铜镜在道教上清派及炼丹术中应用比较广泛，出现多种"镜法"方术，魏晋六朝时期，道士们还发明了锡汞齐镀镜技术，见于《上清明鉴要经》。唐代道教中出现了独具特色的"道教镜"，从《上清含象剑鉴图》《上清长生宝鉴图》及《神仙炼丹点铸三元宝照法》，我们可以看到道教镜从纹饰题材的设计到具体铸造技术的完整过程。另外道教中还有铸剑的传统,如东魏、北齐年间(550年左右),道士綦母怀文用灌钢法铸"宿铁刀",在中国冶铸史上具有重要地位,不过《道藏》中这类铸剑资料比较缺乏。

除以上几个方面外,尚有诸多领域有待进一步研究,如数学、植物学、生命科学、医学等。《道藏》中虽然没有保存专门的数学著作,但道家道教思想对中国古代数学作出的独特贡献,是不可否认的,以前学者未曾注意这一点。1999年,台湾学者洪万生发表《全真道观与金元数学》一文,探讨全真道与金元数学的关系,指出:"无论李冶与全真道士的交往是否密切,他的'天元术'研究以及其支撑的社会条件,离不开全真教所参与、经营的学术环境,殆无疑问。"关于道教在植物学方面的探索,李约瑟曾经这样说过:"东亚的化学、矿物学、植物学和药物学都起源于道家。"但相关研究较少。生命科学与内丹术及医学关系密切,多种原因致使研究难度比较大,有待于进一步开拓。另外,自古医道多不分,有"医道同源"之说,道教内不仅名医辈出,而且对医学理论、临床实践、药物等有巨大影响,这一领域已出现不少有影响的研究成果。

基于众多研究,道教中蕴含着的大量科学技术成就逐渐浮出水面,然而对于《道藏》这个宝库来说只是冰山一角,大多数领域的研究目前只能说处于开拓阶段,许多内容迫切需要拓展、深入,以上介绍时只能择其要点。另外需要说明的是,《道藏》是研究道教科学技术史最重要的依据,但由于种种原因,许多道教资料没有被收进《道藏》，这个问题需要注意。例如宋元时期重要的道教科学家赵友钦所著《革象新书》是一部重要的天文、物理学著作，其中对日月食的解释、"同时参验"的恒星测量思想等均具有很高的科学价值，尤其是他关于小孔成像的物理实验更是中国古代经典科学实验之一。

三、道教科技典籍举要

以上所述表明，《道藏》中的科学技术成就相当突出。然而《道藏》中并非天然地存在"科学"这种东西，大量的科技成就分布于多种道经，限于篇幅，以下介绍的科技类典籍均为科技成分比较集中或者对道教科技思想影响较大的著作。

（一）《三十六水法》

炼外丹有两种方法，除了人人皆知的火炼法之外，尚有一种水炼法，今《道藏》中收有仅存的两种水法丹经《三十六水法》与《轩辕黄帝水经药法》。水法炼丹出现得非常早，据《黄帝九鼎神丹经诀》记载，西汉初即有八公《三十六水法》，《抱朴子内篇·遐览》中也著录有《三十六水经》，二者可能是同一部书。陈国符《道藏源流续考》认为今本《三十六水法》即为汉代古籍。其实全书共记载35种水52种方，其中36种方为古本内容，其余部分为后人所补。[1]

---

[1] 参见韩吉绍《三十六水法新证》一文，《自然科学研究》2007年第4期。

所谓丹砂水、雄黄水等各种水，其制法大致相同，先将金石矿物放入一个竹筒或陶罐中，然后再将容器口封住放入水或醋中数十日，由于外部的水或醋液渗入，自然会将容器中的可溶性矿物溶化。今人关心的是，在这个过程中道士是否掌握了溶解金石矿物的化学方法，对此，学者意见不一。如李约瑟认为《三十六水法》中使用了稀硝酸，王奎克和孟乃昌则认为"金液"中也使用了稀硝酸，并指出当时的炼丹家已明白将酸碱反应与氧化还原反应加以统一，由此得出至迟四世纪时炼丹术中即开始了应用非蒸馏法制无机酸的历史。但赵匡华则认为各种水除少数是真溶液外，其他大部分不过是矿物粉与硝石溶液构成的悬浊液而已。孟乃昌等对《三十六水法》中的多种"水"进行过模拟实验，可供参考。

（二）《周易参同契》

《周易参同契》是中国乃至世界炼丹术史上出现最早、最重要的经典之一，但此书的作者及成书年代扑朔迷离，众说纷纭，自宋以来无有定论。较为普遍的观点认为，此书出现于后汉顺帝、桓帝时期，作者除魏伯阳外可能还另有其人。奇怪的是，在唐以前的道教中，《周易参同契》并未引起多少注意，唐宋时期，其突然声名鹊起，其影响力甚至大大超越炼丹术范围，在社会上备受推崇，被称为"万古丹经王""万古丹经之祖"，在炼丹术中的地位犹如基督宗教的《圣经》。正因为如此，历代《周易参同契》注本多达二十余种，甚至宋代理学家朱熹亦化名邹訢为之作注。《朱子语类》、明胡应麟《四部正伪》、清姚际恒《古今伪书考》等均有关于《周易参同契》真伪的专论，其影响之大可见一斑。

关于《周易参同契》的主旨同样长期存在争论，主要是内、外丹之争。不可否认，以今观之，大多数注家从内丹立论，但事实上，宋之前征引《周易参同契》者则多为外丹经，因此《周易参同契》的内、外丹之争除了《周易参同契》本身即含有可为内、外丹所用的双重内容之外，很大程度上在于内、外丹本身界限的不确定性，而这与内丹家借用外丹术语有直接关系。

《周易参同契》最重要的意义在于奠定了中国炼丹术的理论基础。注家及学者对"参"多有争议，综合分析，将其理解为大易、黄老、炉火较为恰当，三道相通，如符合契，故名《周易参同契》。它将汉代的周易卦象学说、黄老道家学说附于炼丹过程，为炼丹术建立了一套精致的理论，并为后世所广泛效法。《周易参同契》崇尚铅汞论，认为只有铅汞相合才能炼出神丹。"火记不虚作，演易以明之。偃月法鼎炉，白虎为熬枢。汞白为流珠，青龙与之俱。举东以合西，魂魄自相拘。""知白守黑，神明自来。"白即为汞，黑即为铅。铅汞论对以后的炼丹术产生了重大影响，与之后出现的硫汞论同为中国炼丹术的两大旗帜，唐宋之后的内丹术中的"真铅""真汞"之争与此亦有重要渊源关系。另外，《周易参同契》中的许多概念、隐语成为炼丹术的基本话语，甚至像"黄芽"这样的概念在以后被长期实践与争论。从这重意义上说，将《周易参同契》视为中国炼丹术的理论源头之一亦不为过。

在具体的化学知识方面，《周易参同契》同样取得了瞩目的成就，其中最重要的是铅化学与汞齐的制备。如《周易参同契》以胡粉来制铅丹时说："胡粉投火中，色坏还为铅。"这一过程分为两步：先用胡粉制备密陀僧（PbO），然后再将密陀僧烧炼成铅丹。胡粉，即碱式碳酸铅 $[2PbCO_3 \cdot Pb(OH)_2]$ 或碳酸铅（$PbCO_3$）。这一过程的化学反应式如下：

$$2PbCO_3 \cdot Pb(OH)_2 \xrightarrow{煅烧} 3PbO + H_2O \uparrow + 2CO_2 \uparrow$$

$$PbO + C \xrightarrow{煅烧} Pb + CO \uparrow$$

在这里，《周易参同契》的作者很清楚地认识到胡粉中即含有铅，并通晓其制备方法。关于汞及汞齐的描述就更多了，如"河上姹女，灵而最神。得火则飞，不见埃尘"。"河上姹女"是汞的隐名，这是对汞受热后易蒸发的形象描述。"太阳流珠，常欲去人。卒得金华，转而相因。化为白液，凝而至坚。金华先唱，有顷之间，解化为水。""太阳流珠"亦是汞的隐名，此句是说汞极易挥发，若与铅混合则可以成为汞齐固定下来。汞齐凝固后非常坚固，但是受热后又可以化为流动的液体。其他描述汞齐制备的文字非常多。在中国炼丹术中，由于汞是母药，因此炼丹家对汞的合金如铅汞齐、金汞齐、锡汞齐等了解得非常透彻，其中一些技术得到广泛应用，如锡汞齐被用来外镀铜镜的反光面，锡铅汞齐用作低温焊药等，这些与炼丹家的贡献是分不开的。

（三）《抱朴子内篇》

《抱朴子内篇》约作于4世纪初期，作者葛洪，字稚川，别号抱朴子，为早期道教史上一位承前启后的关键人物。《抱朴子》分内、外篇，内篇言神仙方药、鬼怪变化、养生延年、禳邪却祸之事，属道家；外篇言人间得失、世事臧否，属儒家。内道外儒，可见葛洪的思想倾向。汉魏两晋时期是中国炼丹术发展的早期阶段，出现了像魏伯阳、狐刚子这样的炼丹大师，同时大量炼丹经典被造作出世。葛洪之师郑隐便是这一时期著名的炼丹家，他由儒入道，博览群书，知识渊博。葛洪自幼随其左右，年长后受其真传，得阅郑隐所藏大量道经。后葛洪又师从南海太守鲍靓，一心求道炼丹，晚年入广东罗浮山修炼，直至逝世。

从内容上看，《抱朴子内篇》并非葛洪原创性著作，它更像是一部百科全书式的道经汇编著作，从理论到实践均有所论，集晋代之前道教及其炼丹术之大成，在道教史上占有极重要的地位。《抱朴子内篇》共二十卷，是为：（1）畅玄；（2）论仙；（3）对俗；（4）金丹；（5）至理；（6）微旨；（7）塞难；（8）释滞；（9）道意；（10）明本；（11）仙药；（12）辨问；（13）极言；（14）勤求；（15）杂应；（16）黄白；（17）登涉；（18）地真；（19）遐览；（20）袪惑。其中与科技史有关的主要是金丹、仙药、黄白三卷，仅此三卷即包含了彼时炼丹术数百年之精华。

《抱朴子内篇》在炼丹理论方面有两大建树，其一为"假求于外物以自坚固"的思想，其二为物类变化观。炼丹术确切地说应称金丹术，它的两个翅膀，一为黄白术，一为炼丹术，缺一不可。黄白即金银，丹则为还丹、仙丹等。炼丹家认为，人食饵药金、药银或用铅、汞（有剧毒）等金属还炼而成的丹药，即可达到长生成仙的目的。这一思想的根源在哪里？其实很简单，古人相信"同类相感"，这一原理几乎成为不须证明的原理被接纳。《易·文言》有"同声相应，同气相求"，《吕氏春秋》有"类固相召，气同则合，声比则应"，《春秋繁露》有"气同则会，声比则应"，这一线索非常明显。同类的东西不仅可以相互感应，而且其某些性质亦可发生转移，因此服食黄金是否可以像黄金那样永生不腐呢？《抱朴子内篇》将这种思想上升到理论高度："夫金丹之为物，烧之愈久，变化愈妙。黄金入水，百炼不消，埋之，毕天不朽。服此二物，炼人身体，故能令人不老不死。此盖假求于外物以自坚固。"这就为服食仙丹提供了坚实的理论基础。炼丹家们还相信天地间物类的变化是无穷的，高山变为深渊，深谷成为山陵，甚至人也可以男女异形，为鹤为石，为虎为猿，为沙为鼋。如此则黄金自然可造，正如《抱朴子内篇》所说："变化者，乃天地之自然，何为嫌金银之不可以异物作乎！"而这就是仙丹可炼的理论基石。毫不夸张地说，这两大理论是炼丹术得以存在的逻辑基础。

《抱朴子内篇》所反映的中国古代化学史成就非常丰富，主要有以下几项：

第一，它深刻认识到丹砂（即硫化汞）的化学性质，并明确记载了水银的制备方法。《金丹》卷云："丹砂烧之成水银，积变又还成丹砂。"这一过程的化学反应式为：

$$HgS + O_2 \xrightarrow{加热} Hg + SO_2 \uparrow$$

$$2Hg + O_2 \xrightarrow{加热} 2HgO$$

先秦以后，所用水银大都是用这种"抽砂炼汞"法制备，在炼丹术中，炼丹家发明了多种"抽砂炼汞"法，在中国化学史上有重要地位。

第二，首次记载了单质砷的炼制方法。西方学者一般认为13世纪日尔曼炼丹家马格纳斯（Albertus Magnus）最早从砷化合物中提炼出单质砷，实际上，《抱朴子内篇·仙药》记载了一种砷的提炼方法，根据现代学者的模拟试验，这种方法的有效性得到确认。此法较马格纳斯早九百多年。

第三，利用炭的高温还原性将雄黄与石胆等药物的混合物制成铜砷合金，这一方法记载于《抱朴子内篇·黄白》。此法亦得到现代学者肯定。铜砷合金在砷含量较少时呈金黄色，当砷含量超过10%时呈银白色，《内篇》甚至掌握了通过调节砷的含量来改变合金颜色的方法。

至于其他化学成就还有很多，如对于铅化学的认识、对于铁铜置换反应的认识，以及记载多达四十余种的金石原料等，不再一一介绍。这些内容使得《抱朴子内篇》成为中国古代化学史研究中一部非常重要的著作。

（四）《大洞炼真宝经九还金丹妙诀》

该书作者陈少微为唐代著名炼丹家。张子高《中国化学史稿（古代之部）》认为该书成于712—713年，陈国符《道藏源流续考》则认为该书成于686—741年，且有多处于天宝年间修改过。

炼丹术历史上有两种还丹理论影响最大，一是始自《周易参同契》的铅汞论，二则是隋末唐初出现的硫汞论。硫汞论出现较晚，因此硫汞丹开始时被称为"小还丹"，以区别于铅汞之"大还丹"。按赵匡华等学者的意见，中国人工合成硫化汞的时间大约是在隋末唐初，至中唐时，这种技术已经非常成熟。陈少微的《九还金丹妙诀》是研究硫汞还丹的最重要资料。该书表明，当时道教炼丹家已能够熟练地将水银和硫黄升炼成红色的硫化汞，然后可以"分毫无欠"地用铅从丹砂中还原出水银。赵匡华将这一过程总结如下：

$$Hg + S \xrightarrow{\text{室温}} HgS（黑色青砂头）$$

$$HgS（黑）\xrightarrow{\text{密封升炼}} HgS（红色紫砂）$$

$$HgS（红）+ Pb \xrightarrow{\text{升炼、冷凝}} Hg + PbS$$

硫汞还丹在当时亦被称为"灵砂",宋代药典《经史证类备急本草》将其作为一种药物使用,明代末年改称为"银朱",于医学中应用广泛。

陈少微还记载了一种"竹筒抽汞法",操作简便,且效率较高,直至宋代时仍在使用。炼丹家们先后发明了多种抽砂炼汞法,如低温焙烧法、下火上凝法、上火下凝法、蒸馏法等,上火下凝法还可以分为多种不同的炼法。以上方法分散于多部丹经中,赵匡华《我国古代"抽砂炼汞"的演进及其化学成就》一文考证颇详。

(五)《大洞炼真宝经修伏灵砂妙诀》

此经同为陈少微所撰。张子高《中国化学史稿(古代之部)》认为此书成于712—713年,陈国符《道藏源流续考》则认为成于702—741年。此书主要介绍丹砂的产地、性状及抽砂出汞法。

《修伏灵砂妙诀》最重要的科学成就是对天然丹砂不同成分的定量研究。炼丹家对不同产地、不同品质的丹砂非常讲究,陈少微在《修伏灵砂妙诀》中辑录了《大洞炼真宝经》(已散佚)对各种天然丹砂不同成分的测量结果,书中说:

> 光明砂一斤,抽汞可得十四两,而光白流利,此上品光明砂,只含石气二两;白马牙砂一斤,抽出汞得十二两,而含石气四两;紫灵砂一斤,抽汞可得十两,而含石气六两;上色通明砂一斤,抽出汞只得八两半,

而含石气七两半。石气者，火石之空气也，如汞出后，有石胎一两，青白灰耳。

以上测量可以概括为如下公式：

$$天然丹砂 \xrightarrow{加热} 汞 + 石气$$

非常明显，炼丹家已经明白前后反应的质量应该守恒，并且用这一原理来比较不同丹砂的品质。不管其结论如何，这种方法及精神非常接近近代西方化学先驱们。在这个过程中，我们看到的是严谨的科学家的形象，全然不见炼丹家的影子。这种方法及精神在同时代的炼丹家金陵子身上再次显现，他用质量守恒法研究铁从胆水（硫酸铜水溶液）中置换出的红银（即纯铜）的本质（详见下节）。可见对质量守恒定律的认识和严谨的科学精神，在炼丹家，尤其是唐代炼丹家身上并非个别现象，非常值得重视。

（六）《龙虎还丹诀》

陈国符《道藏源流续考》认为该书撰于睿宗垂拱二年（686）至玄宗开元末年（741），或唐肃宗乾元元年至三年（758—760）。作者题为金陵子，真实姓名不可考。该诀分上下两卷，卷上主要论述点丹阳法，即制砷白铜法；卷下专论各种结红银法，即胆水炼铜法。《龙虎还丹诀》在中国化学史上占有重要地位，郭正谊《从〈龙虎还丹诀〉看我国炼丹家对化学的贡献》一文曾对其所取得的化学成就做过专论。

炼丹术中，砷铜合金出现得很早，西汉淮南学派的集大成之作《淮南子》即有"淮南王饵丹阳之伪金"的记载；魏晋之际，葛洪《抱朴子内篇·黄白》篇中明确记载了一种用雄黄制砷铜合金的方法。而《龙虎还丹诀》中记载砷铜合金是用砒霜点化制得的，这是砷白铜炼制史上的一项重大技术进步。其具体过程分作两步进行，首先将砒黄、雄黄、胡同律等制成束丝状砒霜，即金陵子所说的"卧炉霜"，然后再用砒霜点化丹阳铜，用炭还原即可制得银白色的砷铜合金。赵匡华曾对这一过程进行模拟试验，最终确实得到了9.92%的砷铜合金。金陵子甚至还注意到，这种合金容易氧化变成赤铜色，他将其称为"铜晕"，为此还特意记载了除铜晕的多种方法。

《龙虎还丹诀》卷下专论制"红银"（纯铜）法。中国古代很早就认识到某些矿物遇到铁会变成铜的现象，如《淮南万毕术》即有"白青 [$Cu_3(CO_3)_2(OH)_2$] 得铁即化为铜"的记载。之后的炼丹家均注意到这一现象，至唐玄宗时，刘知古《日月玄枢论》中记载了多种以铜化合物炼制纯铜之法，其文曰："或以诸青、诸矾、诸绿、诸灰结水银以为红银，复化之以为粉屑。"《龙虎还丹诀》卷下可以说是对这句话所作的详细注解。金陵子将可以炼制红银的矿物分为三类：诸青、石胆、土绿。相对应的方法依次为"青结红银法""石胆红银法""土绿红银法"。在这些方法中，最具代表性的是"石胆红银法"中的"结石胆砂子法"，这种方法只用到石胆、水银与铁（容器亦用作反应物）而无其他杂质，因其工艺之巧妙,屡为学者所称道。其过程如下:首先将汞及少量水放入一平底铛中,加热至微沸,然后放入胆矾,搅拌,胆矾中的铜不断被(铛)铁置换出,与汞形成汞齐,当生成的铜足够多时,汞齐变成砂粒状。这时结束操作,回收砂子。然后将得到的砂子在容器中加热,汞被蒸发掉,最后所剩即颗粒很细的铜粉屑。更为可贵的是,金陵子还对此进行了深度理论探讨,在反应进行之前,他对各种药物与铛进行称量,分别记录,反应结束后再称量,发现铛损失了五两,而同时得到四两半红银,他便据此大致等量关系判断红银实际上相当于铁铛中的铁。虽然金陵子没得出事实真相,但他对质量守恒定律的认识以及精确的科学精神是非常可贵的。胆水炼铜法经过改进后在两宋时期得到大规模推广,南宋乾道年间(1165—1173)的胆铜产量占当时铜产量的81%,对社会经济产生了重大影响。仅此而言,《龙虎还丹诀》在中国古代科技史上应该占有重要地位。

(七)《真元妙道要略》

《真元妙道要略》原题"真人郑思远"(三国至晋时人)撰,显系伪托。关于此书的出世年代,学者意见不一,但大体一致。袁翰青《从道藏里的几种书看我国的炼丹术》认为此书成于八九世纪,李约瑟《中国科学技术史》认为此书成于七至九世纪,陈国符《道藏源流续考》认为此书撰于五代或更晚,孟乃昌《〈真元妙道要略〉的化学史意义》则认为此书出于七世纪末至八世纪中叶。

《真元妙道要略》是一部内丹学著作。由于内丹家激烈地批判外丹术，因此该书在对批判对象的引述中留下了极其宝贵的化学史料。全书分为"黜假验真镜第一""证真篇第二""铄形篇第三"三个部分。于科技史而言，第一部分最为重要，作者连续列举了三十一种炼丹法并逐一进行批判，保留了古代化学的珍贵史料。孟乃昌认为其中包括尿类固醇性激素的提取法、硫化汞的合成、提取较纯碳酸钾的方法以及原始火药发现的过程，这里主要介绍后者。火药为中国"四大发明"之一，1954年，中国学者冯家升撰《火药的发明与西传》一书，证明火药确为中国发明，之后这一结论逐渐为国外科学史家所广泛接受。冯家升在书中进一步指出火药乃炼丹术的产物，现在这一观点已被广泛接受。然而遗憾的是，火药与炼丹术关系的详情，仍有一些疑点因缺乏资料而没有解决。《真元妙道要略》中的记载有两点值得特别注意，一是对火药威力的描述："有以硫黄、雄黄、合硝石并蜜烧之，焰起，烧手面及烬屋舍者。"这说明其时炼丹术中已经发明了火药，尽管时人可能还没有意识到。另一个则是"伏火"问题。所谓"伏火"，本来是为了防止炼丹过程中出现诸如爆炸等现象而特意添加一些药物，而火药的孕育过程便蕴含其中，因此伏火问题对火药发明过程的研究非常重要。当然，研究炼丹术中火药的发明过程，并非一部书便可以解决，正如大量化学成就分散于各种外丹经中一样，火药问题的复杂之处在于：其发明过程隐藏于炼丹术的发展过程之中。因此，要找到一条清晰的线索，仍有待进一步的探索。

(八)《全真坐钵捷法》

中国古代计时仪器主要是漏刻,因道士修炼或炼丹讲究时辰,因此对漏刻多有创新,如北魏道士李兰曾发明著名的"称漏",从隋唐两代到北宋燕肃莲花漏取而代之以前,经过改进的秤漏一直被作为一种主要的计时器被皇家及其司天机构所采用。

《全真坐钵捷法》的撰写人及成书年代不详。全书分为"造盂之法""下漏之法""造筹之法""加减之法"等四部分,讲述制作壶漏及校正时刻之法。所谓"坐钵",是指将一小钵底部钻一小孔,然后将其悬坐于一个较大的盛水钵中,依小钵之进水量来测定时间。该仪器的发明,目的是服务于全真道的静坐习定之宗教实践。全真道于每年冬季集体静坐百日,每日数次,每次都有规定的时间,因此需要计算时刻。

《全真坐钵捷法》中所介绍的是不同于一般规制的漏刻。作者认为当时所用壶漏不合古法,由于制造者一味追求机巧,致使大多壶漏既无定制又多差误,因而作者声称发明了一种简易准确的壶漏。亦有人称其为"漏盂"。其原理大致如此:取两只铜盂,一大一小,大者盛水,小者底部钻一小孔。然后将小盂浮在大盂中,由于小盂的重力作用,水自然会从小孔中渗入小盂中,用一根标尺(筹)探测水深,据此则可以确定时辰。这种漏刻较之传统的滴漏反其道而行之,简便易行,对于户外修行而言相当方便。然而其计时精度可能并不像作者所说的那样高。据今人王立兴的研究,这种壶漏每昼夜的最大误差达 15 分钟。这样的精度显然不可能用于天文观测，不过从日常使用的角度来看仍有其实用性。

（九）《雨旸气候亲机》

宋元之际，道教符箓派兴盛，"雷法"便是其中之一。通雷法的道士声称他们可以呼召风雷，伏魔降妖，祈晴雨、止旱涝。尽管雷法中的祈雨术带有极浓厚的宗教色彩，但是不可否认，如果没有深厚的气象学知识，雷法很难长时期流传于社会。道教对中国古代气象学成果的继承和发展是雷法得以长期流行的基本保障。《雨旸气候亲机》本为雷法之书，出现年代不详，但应该与行"雷法"的道派密切相关，主要记述观测气候变化的方法，是中古时期难得的气象学著作。

书中内容主要分为太阳、太阴、天罡、北斗、龙炁、白虎、河炁，"雷牌"三十九图，诸雷气候，妙洞引以及先天一炁雷霆玉章等几个部分。其中有两点值得特别注意：一是预测天气变化之方法；二是独具特色的气象表达符号系列。

书中介绍了多种预测天气的方法，如观测太阳、月亮、星辰等，有不少方法直到今日仍在民间流传，如："月色红，明日大雷雨；色青赤，应明日。有圆光大如车轮者，明日大风，三日后方应。外有白云结成圆光，不甚（明），明日亦大风。"有根据云的大小、位置、颜色等判断天气的方法，如："有黑云成块，大者有风，其形如猪渡河。黑云如烂絮枯木，若霞，或遮太阴，或在月下，上应明日雷雨。白云如绵絮，小雨。鳞而自南至北者，明日南风至别方。同在日落后验之。"有根据某些自然征象、动物的异常行为来预测天气的方法，如石润水流、炎气蒸熏、鱼跃渊、蝼蚁封穴、蜈蚣昼现等等。将这些经验的积累全部归之于道教显然可能会失之于实，但在道教中得到继承、总结和发展应该没有问题，本书的可贵之处正在于此。

另外值得注意的是，道士们发明了一种独具特色的气象表达符号，这便是"雷牌"三十六图。"雷牌"本是道士作法祈雨时使用的令牌，将气象信息画成图有助于直观表达。这些图有关于太阳、云气、月亮、星辰等周围状况所预示的天气变化，这大概是道士的独立发明。

气象观察预报所面对的是一个处于时刻变化之中的复杂系统，因而气象学乃是一种高难学问。但在基本层面上，经验非常重要。在古代没有现代科技手段的情况下，这种借助经验来预测天气的方法是行之有效的，只要长时期细致观察，就能找到规律，从而比较准确地预报天气。道教中的气象学无论从科学技术上，还是从对社会的作用上，都应给予合理评价。

（十）《太清金液神丹经》

《太清金液神丹经》是一部外丹著作，分上、中、下三卷，撰者分别题为张道陵、阴长生和抱朴子。据陈国符考证，此经部分内容在西汉末东汉初出世，盖为后人辑本。卷上、卷中部分为重要炼丹术资料，反映了早期炼丹术的风貌，火法与水法并重。其中有以曾青、礜石、硫黄、戎盐、凝水石、代赭、水银为原料的"作霜雪法"，孟乃昌《中国炼丹术原著评介》认为这可能是最早的氯化亚汞合成配方。卷下为地理部分,述扶南、典逊、林邑、杜薄、西图、月支、安息、大秦等二十余国之地理位置及风俗物产,遍及南亚、中亚及罗马帝国,成书时间显然较卷上、卷中为晚,作者即使确为葛洪,书中绝大部分亦应是其编辑而成。关于下卷的地理学意义,有待进一步详细考证和纵深研究。

(十一)《五岳真形图》

《五岳真形图》是一本道教符箓著作,大约出于魏晋之际。道教有非常强烈的山岳信仰,古之道士须入山修炼,但因人迹罕至,山中多险,因此凡入山者均须遵守严格的宗教仪式,佩带符图法印便是其中之一。葛洪《抱朴子内篇·登涉》篇说:"上士入山,持《三皇内文》及《五岳真形图》,所在召山神,及按鬼录、召州社及山卿宅尉问之,则木石之怪,山川之精,不敢来试人。"可见《五岳真形图》的地位在当时非常高。目前存世的《五岳真形图》有多种版本,见于《正统道藏》者如《洞玄灵宝五岳古本真形图》中的两种本子,《灵宝无量度人上经大法》卷21所收《灵宝五岳真形图》,以及《上清灵宝大法》中的《上、下五岳真形图》。藏外文献如明高濂撰《遵生八笺》、明章潢撰《图书编》、明汪子卿撰《泰山志》、明查志隆撰《岱史》等均记载有《五岳真形图》。金石资料刊刻真形图者亦非常多。另外,日本藏有多种真形图,其中包括非常罕见的本子。以上真形图可分为两类:第一类较多地保存了地图的特征,另一类则道符倾向明显。与普通的道符不同,第一类《五岳真形图》的技术内涵很丰富,相当于一幅早期的地图，而且可能是等高线画法的最早尝试。关于它的地理、地图学价值，学者已有较多研究，代表性作品如日本小川琢治《中国地图学之发达》、井上以智为《五嶽眞形圖に就いて》、英国李约瑟《中国科学技术史》、中国曹宛如和郑锡煌《试论道教的五岳真形图》、卢嘉锡主编《中国科学技术史·地学卷》、姜生《东岳真形图的地图学研究》等，尤其是姜生、汤伟侠主编的《中国道教科学技术史·南北朝隋唐五代卷》相关部分。

（十二）《金石簿九五数诀》

炼丹术中所用矿物药相当丰富，多达百余种，这些矿物知识散见于多种外丹经中，《金石簿九五数诀》是为数不多的集中讨论矿物药的著作之一。陈国符《道藏源流续考》认为该书为初唐人所撰，孟乃昌则认为作于十世纪前叶，后一种意见可能比较符合实际。

书中所列矿物共四十五种：朱砂、雄黄、玉、石硫黄、礜石、赤石脂、白石脂、白石英、云母、石钟乳、磁石、石脑、阳起石、金精、黄矾、白矾、绛矾、鸡屎矾、石每矾、空青、曾青、石桂英、理石、朴硝、芒硝、石胆、硝石、天明砂、黄花石、不灰木、戎盐、太阴玄精、卤碱、滑石、寒水石、胡同律、石榴丹、禹余粮、硇砂、雌黄、金芽、代赭、石盐、紫石英、石中黄子。作者依次介绍其产地、性质，并对不同产地矿物之品质进行比较，具有很高的科学史料价值。尤其可贵的是，书中介绍了大量域外矿物药，以来自波斯者为多，包括乌长国、林邑、安南及西域等地。

域外矿物药是研究中西炼丹术交流情况的一条重要线索，详情可参见笔者《道教炼丹术与中外文化交流》一书。

另外，记载矿物药较多的外丹经主要有：《黄帝九鼎神丹经诀》，卷一完成于东汉中后期，卷二至卷二十完成于唐高宗显庆年间（据笔者《黄帝九鼎神丹经诀校释》）；《大洞炼真宝经九还金丹妙诀》，作者陈少微，撰于唐睿宗垂拱二年（686）至玄宗开元二十九年（741）（陈国符《道藏源流续考》）；《丹方鉴源》，作者独孤滔，撰于南唐（何丙郁《道藏丹方鉴源》）等。以上外丹经可与《金石簿九五数诀》作综合研究。

（十三）《长春真人西游记》

元太祖十四年（1219），成吉思汗派专使赴山东诏请全真道当时领袖、全真七子之一长春真人丘处机，请他告以忧民当世之务，或示以长生保身之术。1220年，丘处机以七十三岁高龄，率弟子十八人远赴成吉思汗行宫（在今阿富汗东北）会见成吉思汗，返回燕京时已是四载之后。他们的沿途经历及言语问答等内容，由丘处机的弟子李志常记录下来，即为《长春真人西游记》。该书分上、下两卷。上卷主要讲述丘处机一行的西游经历，下卷主要介绍丘处机讲道及东归住持天长观之事。书中对沿途的道路里程、山川形势、气候、语言、民风习俗、珍禽异木以及教内人事言语等均有详明记载，既是研究全真道的第一手珍贵资料，又有极高的历史地理学价值。

此书作成后长期被埋没，直至清乾隆年间，著名学者钱大昕在苏州玄妙观读《道藏》时发现此书并将其抄出，此后其才受到关注。清末学者王国维为该书作注时给予甚高评价："全真之为道，本兼儒释，自重阳以下，丹阳、长春并善诗颂，志常尤文采斐然。其为是记，文约事尽，求之外典，惟释家慈恩传可与抗衡。三洞之中，未尝有是作也。"现国外有英、法、俄等译本。

学界认为该书堪与晋代法显《佛国记》、唐代玄奘《大唐西域记》以及元代意大利人马可波罗的《马可波罗游记》相媲美，在中世纪的地理游记中占有重要地位。道光年间著名学者徐松、程同文等曾对书中地理、名物等加以考证。民国时有丁谦《〈长春真人西游记〉地理考证》、王国维《〈长春真人西游记〉校注》、王汝棠《〈长春真人西游记〉地理笺释》等问世。新中国成立后，研究成果益多，尤其是著名科学家竺可桢《中国近五千年来气候变迁的初步研究》一文，曾利用其中关于新疆赛里木湖当时终年积雪的材料，论证中国气候的变迁；台湾地区张廷撰有《蒙古帝国与科学——初探〈长春真人西游记〉中的科学与技术》一文可供参考。

（十四）《上清明鉴要经》《洞玄灵宝道士明镜法》

中国古代部分铜镜表面进行过镀锡处理，但在宋代之前缺乏相关记载，致使人们对此项技术的详细情况不得而知。这两部道经记载了两种磨镜药方。这些磨镜药方的发现，填补了这一空白，为相关研究提供了非常重要的依据。

《上清明鉴要经》编成于南北朝时期，主要包括驱邪避害、疗病养生之法，包括作明镜法经、真人道士摩镜经、老子百华散辟兵度世方、仙人神酒方、神仙除百病枕药方、老子枕中符及药方六个部分，磨镜药方载于真人道士摩镜经一节。《洞玄灵宝道士明镜法》成书约在《上清明鉴要经》之后，但亦不出南北朝，有抄袭《上清明鉴要经》的痕迹，内容相当于《上清明鉴要经》中的作明镜法经、真人道士摩镜经两部分。

《上清明鉴要经》所记药方为："方用锡四两，烧釜猛下火，令釜正赤，与火同色，乃内锡（末）。又胡粉三两合内其中。以生白杨刻作人，令长一尺，广二寸，厚一寸，其后柄长短在人耳。以此搅之，手无消息，尽此人七寸。又复内真丹四两，胡粉一两，复搅之，人余二寸。内摩镜锡四两，搅令相得。欲用时，末如胡豆，以唾和之，得膔脂为善，又以如米者，于前齿上嘘之后，以唾傅拂其上，以自拂之，即明如日月。"这是一种熔点很低的锡铅汞齐，用于外镀镜面。《洞玄灵宝道士明镜法》所载药方为："向得摩镜人云，药用锈锭，边有铁，锽（黄）赤者好。打铁人烧锈锭，打之即出。錾铁亦有之，名赤渣，是取之于铁臼中，热捣细筛，用帛子罗过，又用蛇黄，亦捣细筛，用生油和此二物即是药也。"这种药有别于《上清明鉴要经》，它是一种研磨剂。

这两种药方揭示了古代磨镜之谜，即中国古代很早就发明了用汞齐镀锡的铜镜表面处理技术。当然同时亦有其他的处理方式，并非所有的铜镜都采用这种技术。

（十五）《神仙炼丹点铸三元宝照法》

《神仙炼丹点铸三元宝照法》成书于唐昭宗天复二年（902），作者题为归庚子，真实姓名不可考。该书的最大价值在于其记载了镜与鼎的铸造技术。道士修炼或炼丹需要使用铜镜，为此，教内出现了专门的道教镜。《神仙炼丹点铸三元宝照法》让今人看到了道教镜的铸造流程及相关技术，为研究道教镜提供了非常宝贵的资料。另外，道士炼丹要用到各种各样的鼎，在很多道经中可以看到此类鼎的样图，但是很少记载其具体铸造技术。

《神仙炼丹点铸三元宝照法》前半部分讲述三种宝照（照即镜）——天照、地照、人照的铸造，抛开宗教部分不谈，技术方面主要涉及镜的大小、铸造时间及镜背纹饰三方面。三种镜均为尺寸一致的特大镜，厚三寸，重七十二斤，面广三十六寸（其厚度过大，记载可能有误）。中国古代，特大镜极为罕见，其铸造过程对技术要求相当高，此道教镜尺寸如此之大，足以说明道教的铸镜技术已达到了非常高的水平。另外因宗教原因，道教镜的铸造必须遵守一些特定的规范，如地照铸造时要求在太阴望中，人照铸造时则在丙午日太阳中时等。太阴望中与丙午日在一年四季之中会交替出现，因此不同季节因温度不同对铸镜合金会有一定影响，其中主要是铅的含量应该根据情况调节。书中虽然没有明确说明这一点，但要铸镜成功必须掌握此技术。至于镜背的纹饰，三种镜子各不相同：天照"背上内象紫微星君所居，外列二十八宿"；地照"背上铸山川、五岳、四渎、八卦、九州、十六神"；

人照"背上铸璇玑之星、六十甲子神名、天子帝号、本命神君、左龙右虎、图号星辰、分野所属郡邑"。若参照唐代前期出世的《上清含象剑鉴图》（上清派大道士司马承祯著）及《上清长生宝鉴图》（佚名）两部经书所载镜图及技术资料，我们可以比较清楚完整地看出道教镜制造技术、操作过程以及在唐代一脉相承的发展脉络。

《神仙炼丹点铸三元宝照法》还描述了铸鼎过程中容易出现的技术缺陷："一金不精；二铸不及时；三厚薄不匀；四模素不干；五悬胎铸；六砂孔；七唐膈；八夹横；九金皱；十高下、大小、厚薄不依尺寸。"这种对于铸造技术缺陷的描述在古代文献中极为罕见，为研究古代铸造技术和质量控制情况，提供了非常宝贵的直接资料。

第十一章

道观略谈

一、道观历史及管理制度

宗教一般都有自己独特的活动场所。譬如佛教有寺庙，天主教、基督教和东正教有教堂，伊斯兰教有清真寺。道教的活动场所一般称为道观。当然，这只是一个笼统的称呼，也有的称为庙、宫、殿、寺、馆等，其中部分名称还和佛教、儒教共用。

道教的思想源流十分悠久，像神仙思想和行气导引服食等长生术早在战国时期就十分流行。但是，作为一种成型的宗教，学术界一般把东汉太平道、五斗米道等大型道团组织的出现视为道教正式形成的标志。根据史书记载，这些最早的道团已有初步意识营造布置其活动场所。例如《三国志·张鲁传》注引《典略》说："熹平中，妖贼大起，三辅有骆曜。光和中，东方有张角，汉中有张修。……角为太平道，修为五斗米道。太平道者，师持九节杖为符祝，教病人叩头思过，因以符水饮之，得病或日浅而愈者，则云此人信道，或其不愈者，则为不信道。修法略与角同，加施静室，使病人处其中思过。"所谓"静室"，亦作"净室"，最初虽然不是专门建筑，但其宗教意义还是很明显的，很多人将其视为道观雏形。后来天师道治所的出现与这种静室有密切关系。

除了静室以外，道观还有另外一种历史更久的传统，即山中修道传统。东汉早期，道团入世特征十分明显，故所谓"静室"，亦多半是闹市中取静。然而，更多道士关心的只是个人修行，而在这方面通常的禁忌是需要躲避凡人耳目，为此必须到人迹罕至之处，因而名山大川就成为最佳修道之地。问题是古代时人烟稀少，山中居住之处从何而来？洞穴固然不错，的确也是很多道士喜欢的场所，这种修行传统甚至流传至今。不过由于自然条件所限，洞穴或难以寻找，或条件不宜，由此山中建筑应运而生。譬如炼丹一般选择在山中进行，如果自然洞穴难寻或者条件不佳，道士们便建立专门的丹屋，里面放置各种专用器具。像精思等其他山中修行，同样需要居所。出于这类目的而构造的建筑，往往有独特的设计理念，尽管比较简陋或者粗糙，但比上面提到的"静室"更具有宗教建筑色彩。后世道观多建于山中，明显受到了早期山中修行传统的影响。

上述两类建筑都已经具备宗教活动场所的意义，虽然还不是真正的道观，但无疑为道观的出现提供了重要基础。真正意义上的道观最早出现在南北朝时期。魏晋以后，道教日趋发展，信众数量大增，但是要良性发展还需解决诸多瓶颈和压力。从内部讲，道派林立，组织涣散，理论浅薄且彼此抵牾；从外部讲，一方面，佛教咄咄逼人，一方面，朝廷虎视眈眈。在这些因素的共同促使下，道教需要革新方能向前发展。于是，南朝和北朝均出现大规模的清整道教活动，前者以刘宋陆修静为代表，后者以北魏寇谦之为代表。清整的结果是道教在多个方面趋向于统一。例如编撰道藏整合了不同教派的经典，完善戒律摒除了一些受世俗鄙夷的旁门左道，规范受箓理顺了道士进阶次序及不同道派的等级地位，等等。这些问题的解决客观上强化了日渐增多的道士活动场所的功能和意义，于是道观应运而生。自宋明帝为陆修静修建崇虚馆以后，各地道观如雨后春笋般纷纷建立起来。

现存资料表明，南北朝时期的道观大多建于山中。从这一点来看，道教的修行思想对道观的出现起到了重要影响作用。时人多称道观为"馆"，名著载籍者将近百座，实际数量肯定更多。道馆的首领一般称为馆主，其下各等道士有很多，据道经《洞玄灵宝斋说光烛戒罚灯祝愿仪》记载，有上座（法师）、都讲、监斋、侍经、侍香、侍灯等。其各自职责大致为：（1）法师：当举高德，玄解经义。斯人也，道德内充，威仪外备，俯仰动止，莫非法式，三界所范，鬼神所瞻，关启祝愿，通真召灵，释疑解滞，导达群贤。（2）都讲：才智精明，闲练法度。其任也，行道时节，上下食息，先自法师，次引众官，礼拜揖让，皆当赞唱。（3）监斋：其职也，司察众过，弹纠愆失，秉执科宪，随事举白，必使允当，不得隐滥。（4）侍经：其职也，营侍尊经，整理巾蕴，高座几案，四座席地,拂拭齐整,不得怠懈。(5)侍香:其职也,当料理炉器,恒令火然灰净。六时行道,三时讲诵,皆预备办,不得临时有阙。(6)侍灯:其职也,景临西方,备办灯具,依法安置,光焰火然,恒使明朗。若遇风雨,火势不立,咨白法师,宜停乃停,不得怠替,辄令阙废。

需要强调的是,道观的出现既是道教自身发展的结果,又有佛教影响的因素,同时还是社会所需,所以它不仅仅是一种宗教现象,更是一种社会现象。实际上,道观一开始便具有宗教管理和社会管理双重功能。早期时,政府对道士的社会管理缺位或者非常薄弱,南北朝改革的重点之一便是强化政府的管理作用。例如陆修静将五斗米道以师宅为治的方式颠覆,将政权置于教权之上,称管理道民的教籍为副籍,朝廷的户籍为正籍。由此,政府一方面正式承认并保护道教的合法地位,另一方面则为其戴上金箍,可以轻易控制教众规模。这种管理趋势在唐宋时进一步强化规范,最终形成度牒制度。简单地说,度牒是政府颁发给道士(或者和尚)以证明其合法身份的资格证。与此相关的另一个概念是戒牒,它是由宗教机构及传戒师签发的入道资格证,是宗教界的内部凭证。

度牒制度形成以后,一个人要想成为道士不仅需要获得教内认可,还需获得官方认定,后者也需要经过严格考试。例如《唐会要》卷五十记载了长庆二年的一条规定,说诸色人中有情愿入道者,"但能暗记《老子经》及《度人经》,灼然精熟者,即任入道。其《度人经》情愿以《黄庭经》代入者，亦听。宣令所司，具令立文状条目，限降诞月内投名请试"。如果有私自入道者，则属违法行为，当受严厉责罚。《唐律疏议·户婚》规定，诸私入道及度之者，杖一百；若由家长，家长当罪。已除贯者，徒一年。本贯主司及观寺三纲知情者，与同罪。若犯法合出观寺，经断不还俗者，从私度法。即监临之官，私辄度人者，一人杖一百，二人加一等。通过政府的考试，还要缴纳牒银才能获得度牒，此证并非免费发放。事实上，度牒长期以来一直是政府获得财政收入的手段之一。（当然，拥有度牒者可以免除赋税和劳役。）

法国国家图书馆藏敦煌写本《老子说法食禁诫经》一卷，经文详细记载了道士饮食方面的戒律，中古道士生活规范于此可见一斑

借助度牒制度，唐宋道观的人员构成和以往相比有了一些不同，道士不再只是一种文化身份，而成为真正的职业。自然，道观各个方面的管理也会有所变化。例如，政府可以直接规定某地

的道观数量。《旧唐书·高祖本纪》记载，武德九年，李渊下诏规定"京城留寺三所，观二所。其余天下诸州，各留一所。余悉罢之"。自此以后，唐政府多次出台类似政策，甚至有时还规定观中道士人数。至于道观内部的具体管理，同样将很多内容甚至是纯粹道教内部事务上升到国家政策或法律的层次，几乎事无巨细。开元二十七年（739）撰成的《唐六典》卷四记载："凡天下观总一千六百八十七所。（一千一百三十七所道士，五百五十所女道士。）每观观主一人，上座一人，监斋一人，共纲统众事。而道士修行有三号：其一曰法师，其二曰威仪师，其三曰律师。其德高思精谓之练师。而斋有七名……而禳谢复三事……凡道士、女道士、僧、尼之簿籍亦三年一造。（其籍一本送祠部，一本送鸿胪，一本留于州、县。）凡道士、女道士衣服，皆以木兰、青碧、皂荆黄、缁坏之色。（若服俗衣及绫罗、乘大马、酒醉、与人斗打、招引宾客、占相吉凶、以三宝物饷馈官僚、勾合朋党者，皆还俗。若巡门教化、和合婚姻、饮酒食肉、设食五辛、作音乐博戏、毁骂三纲、凌突长宿者，皆苦役也。）"

　　道观制度更大的变革是在全真道兴起以后，其影响传承至今。金元之际，王重阳创立全真道，很快风靡北方及全国地区，至今一直是道教的主要力量之一。全真道士最初奉行苦修，王重阳本人及"七真"诸弟子等主要都是在条件艰苦的山中修炼，如同苦行僧，数年如一日。后来全真道在元代发达后才大建道观，道士生活及管理方式发生整体变化。全真道和以往教派的重要区别之一是道士需要完全出家，也即早期道教并未严格规定道士必须出家修行，全真道兴起以后这种方式才变得普遍。（今南方地区的正一道源自天师道，保留了传统模式，在这方面相对比较自由）元代以后，历代政府对道教管理愈加严厉，道观必须严格遵守政府的各项政策，其自身管理在各方面都比较完善。据道教自撰资料闵智亭《道教仪范》介绍，这一时期以来的道观主要有两大不同类型，一是子孙庙，二是十方常住，二者在管理上有明显区别。子孙庙又称"小庙"，庙产系道士私有，师徒继承；住持即当家道士，一般从庙里辈分最高、资历最老的道士中选举产生，也可由上一代当家道士临终时指定；可以招收弟子，但不能传戒，更不得悬挂钟板，不论规模多么大都只能称小庙。若日常作务以钟板为号令，就得改成半十方性质，需要留单接众安排十方道友以相应的职务。悬挂钟板的子孙庙是升了格的庙宇，称为子孙常住。十方常住也称为十方丛林，可以传戒但不能收徒弟；道士日常作务以钟板为号令；一般规模较大，产业多，道士多，管理机构齐全，执事众多，责任分明。这种道观属于全国道教徒公有，地不分东西南北，派不分正一全真，凡是满发大领的道教徒人人享受挂单居住的权利，同时人人都有保护的义务。

相比较而言，十方丛林的管理比子孙庙复杂得多，其执事名称繁多，有三都、五主、十八头、客、寮、库、账、经、典、堂、号等。"三都"指都管、都讲、都厨；"五主"指堂主、殿主、经主、化主、静主。"十八头"指库头、庄头、堂头、钟头、鼓头、门头、茶头、水头、火头、饭头、菜头、仓头、磨头、碾头、园头、圊头、槽头、净头。客、寮、库、账、经、典（点）、堂、号叫作"八大执事"。至于具体的执事人选条件及所司职务，据《道教仪范》择要介绍如下：

方丈。方丈地位最高，道士必须受过三堂六大戒，接过律师传"法"，始得称方丈。开期传戒，称作律师。"法"即法统，上载此一法统历代律师的履历，及放戒次数和放戒时间。每堂戒的"天字号"是当然接法人，但也须度德量力，如无条件接法，可让其他"戒子"接法，免得接法后传不出去背过遭冥谴。

监院。俗称当家，是常住栋梁，大众纲领，必须道德齐备，仁义兼全，才智过人，威仪可法，通道明德，待众以谦，宽宏大量，弱己卫众，柔和善良，明罪福因果，功行俱备者乃可当此大任。倘有不肖，都管、总理稽查明白，禀告方丈依规公论，轻则罚斋，重则议换。监院由常住道众全体公选，本常住无此人才，也可到其他常住或小庙选请。三年一任，可连任。任期如犯重大过失，可随时下普板请大众，宣明过失，辩明是非，免职撤换。本人不得借社会势力压众。

都管。都管乃常住之统理，道众之表率。以道德蕴于心胸，以仁义彰于形状，松筠节操，水月襟怀，才智兼全，威仪内慎，宽以待人，谦以持身。常住一应大小事务，一年四季散发单钱，出入账目，往来人情无不提理。运度检点、净心无私、赤心办事，方不负尊位之任。倘有徇私懈怠，方丈率众升堂，依规公论。轻则罚斋，重则抽单（即撤职，转其他职务）。

都讲。管理圜堂、钵堂、诸经讲义威仪等事，非有道学之士，不堪当此任。

都厨。管理厨房各项派遣，大众三餐，日日多寡，以免剩斋糟践。倘有添减单客，分派菜羹，各件斋肴，须要秉公之士以当此任。倘有不公，议换抽单。

静主。坐静安圜，管理圜堂修行坐静之人常谈圣真经教，不言杂语，非通道德之士不可任也。倘有公私人我，一例罚斋。

殿主。乃恭洁精虔之士，时常殷勤洒扫，谨慎香灯，虔洁供器，并监理经师。倘有不恭懈怠，或诵渎上圣者，罚油入库。

经主。当选洞明经典、科仪规范、忌讳、礼法、动静肃恭，威仪诚敬、精洁恭虔之士任之。凡修奉经典，关系教门兴颓，未经师传者不许入经堂。三时功课，朔望朝贺，勿得轻浮狂躁，不遵者罚香。

化主。导引贤良，开化福善，募缘于仁人君子，积功于圣境灵坛。常住不足，仗以尽心。须熟明因果、善于酬对之士不能任此。当思利人利物，毋得徇己徇私，倘有偏私，罚斋供众。

高功。清静身心，阐扬教法，随坛作仪。主持大小法事，上表迎驾一切朝事，经典玄律，科范威仪，虔洁规模等类，不得轻浮狂躁，对越金容当严肃恭虔，违者罚。

经师。诵太上之经典，礼天尊之宝号，祈福迎祥，度亡生方，演音喊韵，同声应和。普结善缘，阐扬教范，为科教之主者。非师传苦学，不胜此职。

其他职务如提科、表白、总理、知客、巡照、纠察、巡寮、海巡、公务、庄头、库头、账房、典造、堂主、号房、监修、主翰、买办、贴库、坐圜堂、茶头、洒扫、磨头、碾头、园头、水头、火头、圊头、夜巡、钟头、鼓头、巡山、行堂、堂头、杂务、门头、钟板等不再一一介绍。

以上所述主要是全真道观的管理规范，大部分内容在全国通行。宋元以来，全国道教总体上可分为全真、正一两大传统，其管理还是有很多差异的，上面谈到的出家问题即是一个重要方面，这里不再多言。总之，在各种规范的约束下，道士们的宫观生活很有秩序。据党圣元、李继凯《中国古代道士生活》一书介绍，道观生活一般从清晨五点开始，由担任钟头、鼓头的道士鸣钟击板，发出起床信号，称为"开静"。道士们闻讯起床，不得贪睡。或叩齿漱唾即起床，梳洗、打扫庭院等毕，再集中到殿上举行诵经法事，称为"早坛"。然后集体进入斋堂早餐。餐后有一定的休息时间，之后开始研习教义、切磋法术或操办宫观事务。午餐也要集合进行，餐后休息，复继续上午的活动，或者安排一些法事。晚餐比较早，一般在下午四点开始。餐后需要上殿诵经，称为"晚坛"。约至七点左右，"止静"的云板声响起，宣告准备就寝。再次打板，道士们就要睡下，一天的活动结束。

以上简单介绍了道观的历史及其在古近代的管理情况。新中国成立后，尤其是进入21世纪以来，面对日新月异的现代社会，道教内部出现了很多新问题，某些管理制度不利于其传承发展，必须有所革新。实际上，不论何种宗教，只有在传统和当代之间达到某种平衡，才能适应时代要求，否则只能被历史湮没。

二、现存名观举要

道教在其两千多年的历史中创建了不计其数的宫观，延续至今的数量也相当庞大，它们大多位于名山大川之中，既是风景胜地，又是历史遗址与文化宝库。下面我们简要介绍一些名观，由于数量实在太多，限于篇幅，我们只能挂一漏万，有兴趣的读者可以进一步阅读专门介绍道观的书籍。

（一）河南鹿邑太清宫

位于老子故里河南省鹿邑县，相传为老子诞生地。鹿邑太清宫分前宫和后宫，前宫祀老子，后宫祀李母。根据《后汉书》记载，该宫始建于东汉延熹八年（165），初名老子祠。唐代时，高祖李渊追认老子为李氏始祖，并扩建该庙。唐玄宗时正式钦封其为太清宫。宋代时，仁宗亲谒太清宫，并进一步扩建。历代文人骚客多来此拜谒，留下大量诗赋。金元时屡遭兵灾火难，道观受到极大破坏。今存古建筑有前宫太极殿，后宫三圣母殿、娃娃殿等，以及唐宋等历代碑刻十余通。1986年，河南省将其列为省级文物保护单位。

（二）龙虎山天师府和上清宫

龙虎山位于江西省贵溪县（今江西省贵溪市），为道教第三十二福地，原名云锦山。因山中有两座山峰，一如卧虎，一如盘龙，故称龙虎山。又有传说称天师道创始人张道陵曾在山中炼丹，丹成后有青龙、白虎落地，故而得名。龙虎山山峰耸峙，风景优美，人称仙人城、小桂林。据史书记载，张道陵第四代孙张盛将府第从四川青城山迁移到此，此后便一直作为天师居住、生活、修行和传道的地方。历代以来，道众们在山中修建了大量道观，至清代有大型道宫十座，大型道观八十一座，道院三十余座，道教建筑几乎遍及全山。由于年代久远及大火毁坏，现在只有天师府和上清宫保存比较完好。

天师府全名嗣汉天师府，位于上清镇，始建于宋徽宗时期，元、明时期多次重建，嘉靖时建筑规模尤其巨大，可惜康熙年间毁于大火。现存建筑多为乾隆至同治时期的遗物。天师府大体分为三部分，前部是天师管理道政的地方，相当于官署或公堂，主要建筑有府门、二门和大堂。中部是天师生活起居处，主要建筑为三省堂。后部为灵芝园和百花园，是休憩之地。

上清宫亦位于上清镇，乃天师道祖庭（祖庭指宗派祖师常住、弘法或归葬之处）。传说张道陵在此炼丹数十年，丹成后才前往四川青城山传道。西晋时，张鲁之子张盛辞去曹操所封，回到龙虎山修行传道。自此以后，这里一直是天师祭神的地方，故有"神仙所都""百神授职之所"之称。上清宫始建于唐代会昌年间，由唐武宗亲笔题写观额"真仙观"。宋真宗时更名为上清观，并予以整修。此后经过很多次大规模修建，极盛时有三宫二十四院，规模十分宏大。1930 年，一场大火将宫观烧毁。现存古建筑不多，有九曲巷、门楼、御门殿、福地们、午朝门、钟楼、下马亭、东隐院等，且多为清代遗物。

（三）陕西重阳宫

又称重阳万寿宫、祖庵，位于陕西省鄠邑区祖庵镇蒋村，为全真道创始人王重阳故居，亦为其早年修道与葬骨之地，全真道三大祖庭之首（另两处为白云观和永乐宫）。金大定十年（1170），王重阳羽化升仙，其弟子马钰、刘处玄、谭处端、丘处机四人修葺其刘蒋村故居，奉仙枢归葬。后来丘处机在王重阳故居归隐，并于大定二十五年（1185）在原址建造宫观，因马钰手书"祖庭"二字悬于宫内，后来全真道尊称王重阳故居为"祖庭"。后金章宗赐额为灵虚观，元时改称重阳宫。元中统四年（1263），道观经大规模扩建，改称重阳万寿宫，其规模十分宏大，北近渭水，南面秦岭，各种建筑俱全，还有园林、田产、房舍等，建筑共有 5048 间。宫内碑石林立，最著名的有赵孟頫手书"敕藏御服碑"和"万寿宫图石刻""七真人图像""孙真人道行碑""重阳祖师图像""累朝崇道思命碑""圣旨碑"等等。当时宫内住有道士近万人，元政府还派三千余兵保护道观。重阳宫原有建筑多数已毁坏，现存的主要为清代重建。

（四）北京白云观

位于北京西便门外，始建于唐开元二十七年（739），为唐玄宗奉祀老子的圣地，初名天长观。金时遭兵火焚毁，世宗予以重建，更名十方天长观。金末又重建，改名太极宫。元太祖十九年（1224），长春真人丘处机奉成吉思汗之诏入驻太极宫，掌管全国道教，将观名改为长春宫，成为道教全真龙门派祖庭。元太祖二十二年（1227），丘处机羽化于长春宫，遗枢安葬在宫内东下院的处顺堂下。元末，长春宫被毁，明永乐年间以处顺堂为中心重建，后又陆续修建了三清殿、玉皇阁、延庆殿、山门等主要殿堂。明英宗正统八年（1443），赐匾额称"白云观"。清顺治十三年（1656），龙门第七代宗师王常月先后三次在白云观开坛说戒，传戒弟子千余人。康熙为太子时也在该观受方便戒。这期间，白云观进行了较大规模扩建，今白云观殿堂大多建于此时。1957年，中国道教协会成立后以白云观为会址所在地。全观占地约6万平方米，建筑面积1万平方米，主要建筑有三清四御殿、邱祖殿、老律堂、玉皇殿、灵官殿、财神殿、三官殿、八仙殿、吕祖殿、元君殿、元辰殿、钟鼓楼等，山门外影壁上有元代大书法家赵孟頫所书"万古长青"四个字。观内收藏有很多珍贵文物，如唐代天长观遗物汉白玉石刻老子像一尊、赵孟頫手书《道德经》与《阴符经》石刻、康熙所写对联、乾隆等御赐文物等。

（五）山西芮城永乐宫

原名大纯阳万寿宫，位于山西芮城县龙泉村，传为吕洞宾诞生地。吕洞宾即唐末五代道士吕岩,号纯阳,被全真道奉为北五祖之一(五祖为王玄甫、钟离权、吕洞宾、刘海蟾、王重阳)。吕仙逝后,乡人就其宅建吕公祠,金末扩建为道观,元世祖时敕令升观为宫,宫址原在芮城永乐镇,故称永乐宫。1959年因修建三门峡水利工程,将永乐宫全部建筑从永乐镇迁移至龙泉村复原保存。宫内主要建筑有宫门、龙虎殿(无极门)、三清殿(无极殿)、纯阳殿(又称混成殿或吕祖殿)、重阳窟(又称七真殿或袭明殿)等五座,除宫门为清代所建外,其余皆为元代建筑。永乐宫最引人瞩目的是各殿保存的元代精美壁画,总面积达960平方米,题材丰富,笔法高超,是我国绘画史上的杰作,具有相当高的艺术价值和历史价值。其中最具代表性的是三清殿所绘《朝元图》,全长94.68米,画面高4.26米,共424平方米,为道教诸神朝拜最高神元始天尊的图像,画中围绕着8尊高3米多的主像展开,群像和真人一样大,共有神像286个,画面栩栩如生,令人惊叹。

(六)泰山岱庙和碧霞元君祠

泰山古称岱山或岱宗,春秋始称泰山,位于山东泰安,主峰海拔1532米,为五岳之首。泰山自上古以来便是国家神学圣地,极具名望。战国时神仙思想兴起后,大量神仙方士活动其中,于是泰山又成为道教圣地。泰山最有名的宫观当数岱庙和碧霞元君祠。

岱庙位于泰山脚下,又称泰山殿、东岳庙、下庙、泰庙等,是历代帝王举行封禅大典、祭祀泰山神的地方。始建于秦汉,经历代扩建与修缮，成为一座宫殿式的庞大建筑。它以南北为中轴，东西为配殿，周围有城堞，总面积近10万平方米。主体建筑为天贶殿，始建于宋代，顶部黄瓦覆盖，内部雕梁画栋，彩绘斗拱，金碧辉煌，像一座金銮宝殿。殿内有一幅大型壁画《启跸回銮图》，又称《泰山神出巡图》，画高3.3米，长62米，传为宋代作品。该画描绘泰山神从出发狩猎到满载而归的盛大场面，其中光人物就有600多个，其他珍禽异兽、山川树木、亭台楼阁等分布其间，十分生动形象，是宝贵的艺术珍品。其他代表建筑还有寝宫、汉柏院、东御座院、铜亭、铁塔等。庙中保存大量古代碑碣，包括秦代刻石，以及汉碑、晋碑等，极具历史及文物价值。

　　碧霞元君祠，又称碧霞祠，位于泰山极顶南侧的天街东端，规模仅次于岱庙。该祠是祭祀道教女神碧霞元君的道宫。碧霞元君，全名东岳泰山天仙玉女碧霞元君，简称泰山玉女，当地老百姓称其为泰山娘娘。碧霞元君掌管妇女生育，也保护儿童，因此求子者、渴望后代健康者都要向她敬香礼拜。明清时期，碧霞元君信仰在全国很多地方流行，各地建起很多寺庙，其香火至今相当旺盛。作为祭祀碧霞元君的正庙，泰山碧霞元君祠始建于宋代，初名玉女祠，或称昭真祠，金代改称昭真观。明清时历经多次重修与扩建，乾隆年间最终定名为碧霞祠。其建筑坐北朝南，以山门为界分为前后两院。前院以南神门和大山门为中心，左右有东神门、西神门、钟楼和鼓楼。后院以山门、香亭、正殿为轴线，左右有东、西配殿和东、西碑亭。

（七）武当山道观群

武当山为大巴山支脉，位于湖北省西北部丹江口市，又名太和山、谢罗山、仙室山、大岳山等，传说真武大帝在山中修行得道，故名武当山。武当山背靠神农架，面对丹江口水库，山中奇峰叠翠，景色优美，著名景点有七十二峰、二十四涧、三十六岩、九台、三潭、十石、十池、十一洞，其主峰为天柱峰，海拔1612米。武当山在道教中的地位很高，被称为道教第一名山。早在汉末魏晋时期，武当便是求仙学道者的栖隐之地。唐代贞观年间，山中出现第一座道观，此后兴建渐多。宋元时期尤其是明代永乐、嘉靖年间，道观得以大规模发展，形成八宫、二观、三十六庙堂、七十二岩庙的庞大建筑群落。现今山中保存较好的古宫观有不少，如六宫（遇真宫、五龙宫、南岩宫、太和宫、玉虚宫、紫霄宫）、二观（元和观、复真观）、一殿（金殿）等，其中金殿、紫霄宫和治世玄岳牌坊等为全国重点文物保护单位，武当山道教建筑群则被整体列入世界文化遗产保护名录。

复真观又名太子坡，位于武当山主峰天柱峰东北，始建于明永乐年间，康熙、乾隆年间曾多次扩建修葺。全观建筑规模较大，现有殿堂百余间，主体建筑有祖师殿、皇经阁、五云楼、太子殿、龙虎殿、藏经阁等。

紫霄宫位于天柱峰东北的展旗峰下，是武当山保存最为完好的一座道观。该观始建于宋宣和年间（1119—1125），历代经过多次扩建，嘉靖年间其规模达到八百多间殿堂。今存建筑主要有大宫门、二宫门、紫霄福地坊、福地殿、龙虎殿、十方堂、御碑亭、紫霄殿、父母殿等。

金殿又称金顶、大顶，位于天柱峰峰顶，是武当山最著名的建筑之一。元代时曾于峰顶建金殿，为铜铸仿木结构，内铸真武像和金童玉女及水火二将。明永乐年间将元代旧建筑移置小莲峰，重新铸造了一座更大的金殿放在原址，即为今天的金殿。该殿亦为仿木结构（仿北京故宫的太和殿），四坡重檐式殿宇，除殿基为花岗石铺垫外，其余构件均为铜铸鎏金，插榫安装而成，严丝合缝，光彩夺目。殿内供奉真武大帝鎏金铸像，高1.8米，重达十吨。两旁侍立金童玉女和水火二将。殿外有金钟、玉磬和铜香炉。四周的崇台上有十二根铜柱耸立。整座金殿结构严谨，连接精密，五百年来分毫未损，仍然金碧辉煌，宏丽如初，令人惊叹。崇台向外，有汉白玉石栏及青石扶栏。台下凿石阶三百级。金殿周围又建有紫金城环绕，用大石块依山势起伏而建，长三华里，开有四门，东西北三门均临悬崖绝壁，唯南天门有路可通。金殿及紫金城可谓金城玉阙，翠宇琼宫，是世所罕见的神仙宫观。

（八）崂山太清宫

崂山又称劳山、牢山、辅唐山、鳌山等，位于山东青岛东部崂山区。山势东峻西坦，主峰巨峰海拔1133米，是山东半岛最高峰。崂山自古即为名山，被称为"神仙之宅，灵异之府"，早在秦始皇、汉武帝时就有方士在此活动。李白曾访道于此，丘处机、张三丰等曾修炼于此。崂山道观很多，号称九宫八观七十二庵，现存上清宫、太清宫、太平宫、华楼宫等，皆石壁瓦舍，简朴无华，其中以太清宫最有名。太清宫坐落于崂山东南角，背山面海，宫前即广阔的崂山湾，风景十分优美。太清宫建筑有近150间，主要殿堂有三清殿、三皇殿、三官殿及各自配殿。三清殿后石上刻有丘处机诗十首，三皇殿墙壁上嵌有成吉思汗赐给丘处机的护教圣旨和金虎牌文。宫中还有纪念张三丰在崂山修炼的三丰塔。

（九）台南大天后宫

道教在明末时传入台南地区，而后风靡台湾全省。根据有关调查资料，第二次世界大战前，台湾信仰道教的居民多达八成以上，全省有道观两千多座。至二十世纪八九十年代，道观数量又大量增加。台湾现存道观中规模最大、修建最早的一座是大天后宫，位于台南市中区武圣里永福路二段。据说施琅当年在收复台湾过程中曾得到海神妈祖的帮助，为此他特向康熙请奏，将海神妈祖由天妃升为天后，并将明皇室后裔在台南的官邸改建为天后宫。康熙准奏后，大天后宫很快就改建完成，后又经数次扩建重修，延续至今。大天后宫为长方形，两侧有封护山墙，为前后四进，三开间殿，两旁有廊屋相连，每进之间均有院落。该宫整体布局充分利用了地形，由前而后级级升高，尽显雄伟气势。宫中除了建筑颇有特色外，还保存有很多重要文物，如很多清帝御赐匾额和对联、宗教器物、碑刻等等，其中最有价值的是三百多年前台湾回归祖国的历史见证——施琅纪功碑。

（十）香港道观

香港地区虽然曾长期受英国殖民统治，但道教传统相当具有影响，信徒有几十万之众，大小道堂林立，且多设于闹市。香港道教在管理方面不同于大陆，融合了很多现代企业管理制度，除了传播教义外，还为市民提供医疗、教育、文化及社会福利等各项服务，与民众现代日常生活密切相关，故而具有较大社会影响。道教传入香港较早，但明清时方具一定规模，其派别主要有九龙道、全真龙门派和全真纯阳派等，著名道观有园玄学院、青松观、蓬瀛仙馆、云泉仙馆、信善紫阙玄观、黄大仙祠、九龙道德会龙庆堂、道教通善坛等。黄大仙祠原名啬色祠，因崇奉葛洪弟子黄大仙（即黄野人）而得名。此外它还供奉济公和孔子，有三教合一的特点。该祠经数次扩建，颇具规模，在香港有很高的知名度，香火极盛。蓬瀛仙馆属全真龙门派，兴建于1925年，主祀太上老君、吕祖和丘祖，是香港规模最大的道观之一。园玄学院建成于1946年，以三教融通为特色。

主要参考文献

[1] 葛兆光.中国思想史：第一卷[M]，上海：复旦大学出版社，2003.

[2] 高明.帛书老子校注[M]，北京：中华书局，1996.

[3] 李零.人往低处走——《老子》天下第一[M]，北京：生活·读书·新知三联书店，2008.

[4] 池田知久著.道家思想的新研究——以《庄子》为中心[M]，王启发，曹峰，译.郑州：中州古籍出版社，2009.

[5] 艾兰，魏克彬.郭店老子——东西方学者的对话[M]，邢文，编译.北京：学苑出版社，2002.

[6] 陈鼓应.庄子今注今译：最新修订版[M]，北京：商务印书馆，2007.

[7] 曹础基.庄子浅注：修订本[M]，北京：中华书局，2000.

[8] 张松辉.庄子研究[M]，北京：人民出版社，2009.

[9] 王威威.庄子学派的思想演变与百家争鸣[M]，北京：人民出版社，2009.

[10] 陈鼓应.黄帝四经今注今译——马王堆汉墓出土帛书：

参照简帛本最新修订版 [M], 北京: 商务印书馆, 2007.

[11] 丁原明. 黄老学论纲 [M], 济南: 山东大学出版社, 1997.

[12] 顾颉刚. 秦汉的方士与儒生: 附《中国辨伪史略》[M], 上海: 上海古籍出版社, 1998.

[13] 饶宗颐. 老子想尔注校证 [M], 上海: 上海古籍出版社, 1991.

[14] 刘昭瑞.《老子想尔注》导读与译注 [M], 南昌: 江西人民出版社, 2012.

[15] 任继愈, 主编. 中国道教史: 增订本 [M], 北京: 中国社会科学出版社, 2001.

[16] 赵匡华、周嘉华. 中国科学技术史: 化学卷 [M], 北京: 科学出版社, 1998.

[17] 姜生, 汤伟侠, 主编. 中国道教科学技术史: 汉魏两晋卷 [M], 北京: 科学出版社, 2002.

[18] 韩吉绍. 知识断裂与技术转移——炼丹术对古代科技的影响 [M], 济南: 山东文艺出版社, 2009.

[19] 韩吉绍. 道教炼丹术与中外文化交流 [M], 北京: 中华书局, 2015.

[20] 张广保. 金元全真道内丹心性学 [M], 北京: 生活·读书·新知三联书店, 1995.

[21] 张广保. 全真教的创立与历史传承 [M], 北京: 中华书局, 2015.

[22] 胡孚琛，主编. 中华道教大辞典 [M]，北京：中国社会科学出版社，1995.

[23] 闵智亭. 道教仪范 [M]，北京：宗教文化出版社，2004.

[24] 罗哲文，刘文渊，刘春英，编著. 中国名观 [M]，天津：百花文艺出版社，2002.

后 记

书中第九章由淮北师范大学魏燕利教授撰写，其余章节由我撰写，其中部分内容出自本人以前发表的著述。为了方便一般读者阅览，书中文字表述尽量以通俗方式呈现。由于时间仓促及作者水平所限，书中难免有不当之处，敬请读者批评指正。

韩吉绍

2022 年 11 月